Collins

Cambridge IGCSE™

Malay

as a Foreign Language

Workbook

AF658723

Malay Workbook contributors:

3rd edition:
Series editor and language consultant: Dahlia Janan
Author: Nurhidayah A. Halim
Project Manager: 'Asyurah Ismail

1st and 2nd editions:
Series editors and language consultants: Dahlia Janan (2nd), Zaharah Othman, Norshah Aizat Shuaib (1st)
Authors: Nor Najwa Azmee, Halimahtun Kamariah Hamzah (1st and 2nd), Norshah Aizat Shuaib (2nd), Nordalis Khalid, MPS Mathave Vadiveloo (1st)

William Collins' dream of knowledge for all began with the publication of his first book in 1819.

A self-educated mill worker, he not only enriched millions of lives, but also founded a flourishing publishing house. Today, staying true to this spirit, Collins books are packed with inspiration, innovation and practical expertise.

They place you at the centre of a world of possibility and give you exactly what you need to explore it.

Published by Collins

An imprint of HarperCollins*Publishers*
The News Building,
1 London Bridge Street,
London,
SE1 9GF

HarperCollins*Publishers*

Macken House, 39/40 Mayor Street Upper, Dublin 1,
D01 C9W8, Ireland

Browse the complete Collins catalogue at **www.collins.co.uk**

© HarperCollins*Publishers* Limited 2026

10 9 8 7 6 5 4 3 2 1

A catalogue record for this publication is available from the British Library.

ISBN 978-0-00-878674-8

All rights reserved. No part of this publication may be reproduced, stored in a retrieval system, or transmitted in any form by any means, electronic, mechanical, photocopying, recording or otherwise, without the prior written permission of the Publisher or a licence permitting restricted copying in the United Kingdom issued by the Copyright Licensing Agency Ltd, 5th Floor, Shackleton House, 4 Battle Bridge Lane, London SE1 2HX.

Without limiting the exclusive rights of any author, contributor or the publisher of this publication, any unauthorised use of this publication to train generative artificial intelligence (AI) technologies is expressly prohibited. HarperCollins also exercise their rights under Article 4(3) of the Digital Single Market Directive 2019/790 and expressly reserve this publication from the text and data mining exception.

Series editor and language consultant: **Dahlia Janan**
Project managers: **'Asyurah Ismail, Gwladys Rushworth**
Authors: **Nurhidayah A. Halim** (3rd edition), **Nor Azmee, Halimahtun Kamariah Hamzah, Nordalis Khalid, MPS Mathave Vadiveloo** (previous editions)
Reviewers: **Farah Buruhanudeen** (3rd edition), **Zaharah Othman, Norshah Aizat Shuaib** (previous editions)
Publisher: **Catherine Martin**
Senior product manager: **Jennifer Hall**
Content editor: **Selin Akca**
Cover designer: **James Hunter and Kevin Robbins**
Cover pattern: **E. Nolan/Shutterstock**
Typesetter and illustrator: **Six Red Marbles, India**
Production controller: **Alhady Ali**
Printed and bound by: **Papercraft Sdn Bhd, Malaysia.**

FSC www.fsc.org MIX Paper | Supporting responsible forestry FSC® C007207

Endorsement indicates that a resource has passed Cambridge International Education's rigorous quality-assurance process and is suitable to support the delivery of their syllabus. However, endorsed resources are not the only suitable materials available to support teaching and learning, and are not essential to achieve the qualification. For the full list of endorsed resources to support this syllabus, visit www.cambridgeinternational.org/endorsedresources

Any example answers to questions taken from past question papers, practice questions, accompanying marks and mark schemes included in this resource have been written by the authors and are for guidance only. They do not replicate examination papers. In examinations the way marks are awarded may be different. Any references to assessment and/or assessment preparation are the publisher's interpretation of the syllabus requirements. Examiners will not use endorsed resources as a source of material for any assessment set by Cambridge International Education.

While the publishers have made every attempt to ensure that advice on the qualification and its assessment is accurate, the official syllabus, specimen assessment materials and any associated assessment guidance materials produced by the awarding body are the only authoritative source of information and should always be referred to for definitive guidance.

Our approach is to provide teachers with access to a wide range of high-quality resources that suit different styles and types of teaching and learning.

For more information about the endorsement process, please visit www.cambridgeinternational.org/endorsed-resources

Acknowledgements

Cambridge International Education material in this publication is reproduced under licence and remains the intellectual property of Cambridge University Press & Assessment.

The publishers gratefully acknowledge the permission granted to reproduce the copyright material in this book. Every effort has been made to trace copyright holders and to obtain their permission for the use of copyright material. The publishers will gladly receive any information enabling them to rectify any error or omission at the first opportunity.

Photo acknowledgements

Ss = Shutterstock

p5 vijaifoon13/Ss, p7 Happy Dragon/Ss, p17a Iconic Bestiary/Ss, p17b SmileStudio/Ss, p17c Millena/Ss, p17d tynyuk/Ss, p17e ngocdai86/Ss, p17f ashva/Ss, p17g MarinaMay/Ss, p17h cosmaa/Ss, p18 KYTan/Ss, p20tl masuti/Ss, p20tc Razmarinka/Ss, p20tr gielmichal/Ss, p20cr Aisyaqilumar2/Ss, p20bl szefei/Ss, p20br udeyismail/Ss, p30l gst/Ss, p30r Leremy/Ss, p30r Leremy/Ss, p31 Jupro jupri/Ss, p36 VladimirCeresnak/Ss, p39 Anastasia Boiko/Ss, p42a TK Kurikawa/Ss, p42b David Peter Robinson/Ss, p42c Faiz Zaki/Ss, p42d glen photo/Ss, p42e 1000 Words/Ss, p44 NiglayNik/Ss, p45 Macrovector/Ss, p54t CHEAH MUN FEI/Ss, p54b Aisyaqilumaranas/Ss, p55 guteksk7/Ss, p60a Helen's Photos/Ss, p60b Kevin Shine/Ss, p60c Farion_O/Ss, p60d Crystal Image/Ss, p63l Vladimir Melnikov/Ss, p63r Daimond Shutter/Ss, p66a bigfatcat/Ss, p66b aniamoto/Ss, p66c Anton Gvozdikov/Ss, p66d dookfish/Ss

Contents

1 PENGENALAN DIRI DAN UCAPAN

INTRODUCING YOURSELF AND GREETING OTHERS

MEMBACA

Baca petikan berikut.

Liza Brown **berasal** dari Amerika Syarikat. Dia belajar di sekolah antarabangsa dan **fasih** berbahasa Melayu. Suatu hari, dia hendak pergi ke stesen kereta api KL Sentral untuk membeli-belah. Dia menghampiri seorang pemandu teksi dan berkata, "Maaf, pak cik." Pemandu teksi itu terkejut melihat Liza **bercakap** dalam bahasa Melayu, lalu pemandu itu menjawab, "Ya, ada apa, cik?" Liza memberitahu pemandu teksi itu dia **hendak** ke KL Sentral. Dalam perjalanan, Liza dan pemandu teksi itu berbual-bual dengan **mesra**. Liza bertanya kepada pemandu teksi itu, "Siapakah nama pak cik? Sudah berapa lamakah pak cik **membawa** teksi?" Pemandu teksi itu menjawab, "Nama pak cik ialah Ali bin Mamat. Pak cik sudah memandu teksi selama dua puluh tahun." Kemudian, pemandu teksi itu bertanya kepada Liza, "Siapa nama cik? Cik berasal dari mana? Sudah berapa lama cik berada di Malaysia?" Liza tersenyum lalu menjawab, "Nama saya Liza. Saya dari Amerika Syarikat. Sudah sepuluh tahun saya berada di Malaysia." Pemandu teksi berkata, "Oh, patutlah cik **pandai** berbahasa Melayu. Bagus!" Apabila teksi tiba di KL Sentral, Liza terus membayar tambang teksi. "Terima kasih, pak cik. Selamat tinggal." Pemandu teksi menjawab, "Sama-sama, Cik Liza. Selamat jalan."

Berdasarkan petikan di atas, pilih dan bulatkan jawapan yang tepat.

1. Dari negara manakah Liza berasal?

a) Amerika Syarikat **b)** Australia **c)** Kanada **d)** Malaysia

2. Ke manakah Liza mahu pergi?

a) Menara Kuala Lumpur
b) KL Sentral
c) Stesen kereta api
d) Menara Berkembar Petronas

3. Sudah berapa lamakah Pak Cik Ali memandu teksi?

a) Selama 10 tahun **b)** Selama 15 tahun **c)** Selama 20 tahun **d)** Selama 5 tahun

4. Mengapakah Liza fasih berbahasa Melayu?

a) Kerana dia belajar di sekolah antarabangsa
b) Kerana dia selalu menaiki teksi
c) Kerana sudah 10 tahun dia berada di Malaysia
d) Kerana dia dilahirkan di Malaysia

KOSA KATA

Padankan perkataan yang berikut dengan perkataan yang sinonim dengannya.

1. berasal •	• memandu
2. hendak •	• ramah
3. mesra •	• datang
4. membawa •	• sampai
5. tiba •	• mahu

TATABAHASA

Latihan 1

Cari perkataan berdasarkan pembayang yang diberi. Pembayang tersebut merujuk kepada kata nama am. Kemudian, tandakan perkataan tersebut dalam kotak silang kata.

K	A	S	U	T	W	E	R	R	T
E	F	G	H	E	N	B	M	U	Y
R	Z	S	D	L	G	H	K	M	U
E	V	A	S	E	K	O	L	A	H
T	B	B	S	F	I	L	C	H	F
A	G	H	D	O	K	B	V	B	A
C	D	P	E	N	S	E	L	C	M
A	S	D	E	R	T	G	G	H	N

Pembayang:

1. Kenderaan empat roda = ______________

2. Digunakan sebagai alas kaki = __________

3. Sejenis alat telekomunikasi = ______________

4. Bangunan atau tempat untuk memberikan pendidikan = ______________

5. Tempat tinggal = ______________

6. Alat yang digunakan untuk menulis atau melukis = ______________

7. Sejenis bekas untuk mengisi atau menyimpan sesuatu = __________

Latihan 2

Padankan kata nama am dengan kata nama khas yang tepat.

KATA NAMA AM		KATA NAMA KHAS
1. Bangunan		Proton Exora
2. Pakaian		Kek Lapis Sarawak
3. Makanan		Public Bank
4. Kasut		Baju Kurung Pahang
5. Kereta		Adidas

Latihan 3

Bulatkan kata ganti nama diri pada setiap ayat yang berikut.

1. "Rumah usang ini terletak di hujung kampung," kata Mirul kepada kawannya.

2. Kakak saya yang duduk di bawah pokok itu.

3. Jam tangan berjenama Rolex itu dibeli oleh abang dia di Sabah.

Terus Bestari

Berikut adalah perbualan antara Salina dengan beberapa orang rakannya dalam majlis pertunangan kakak Fatimah. Isi tempat kosong dengan perkataan yang sesuai.

Hai/Helo	Terima kasih	Selamat
Hai/Helo	Khabar	Sama-sama
Jemput	minta diri	

Salina:	Hai, Maria. Apa khabar?
Maria:	(1) ______, Salina. Saya khabar baik.
Salina:	Wah, kamu nampak cantik sekali hari ini!
Maria:	(2) ______. Kamu juga sangat cantik malam ini.
Salina:	Terima kasih.
Maria:	Eh, Divya pun ada di sini!
Divya:	Helo, kawan-kawan. (3) ______ bertemu. Apa khabar semua?
Maria & Salina:	(4) ______, Divya. Selamat bertemu. Kami semua (5) ______ baik.
Fatimah:	Hai, kawan-kawan. Terima kasih kerana sudi datang ke majlis pertunangan kakak saya.
Maria, Divya & Salina:	(6) ______. Kami berasa sangat gembira kerana kamu menjemput kami ke majlis ini.
Fatimah:	Eh, kawan-kawan! (7) ______ makan. Semua juadah ini disediakan khas untuk kamu semua. Silakan.
Maria, Divya & Salina:	Oh, terima kasih! Semua hidangan ini nampak sungguh lazat.
Fatimah:	Baiklah kawan-kawan. Teruskan menjamu selera. Saya hendak berjumpa dengan kawan-kawan kita yang lain. Saya (8) ______ dahulu, ya.
Maria, Divya & Salina:	Oh, tidak mengapa! Silakan.

Petah Berbicara

Di sebuah kedai buku, terdapat dua orang murid yang baru berkenalan pada minggu pertama persekolahan. Mereka mahu membeli alat tulis dan peralatan sekolah untuk memulakan sesi persekolahan yang baharu. Jalankan main peranan situasi di kedai buku antara dua orang murid tersebut.

Senarai soalan:

a) Apa khabar?
b) Siapakah nama kamu?
c) Kamu berasal dari negara mana?
d) Mengapakah kamu berada di Kuala Lumpur?
e) Apakah alat tulis yang mahu dibeli?

2 UNGKAPAN MASA
TIME

MEMBACA

Baca rencana di bawah tentang kepentingan masa. Kemudian, jawab semua soalan yang diberi.

Peribahasa tentang 'Masa itu Emas' sangat luas maknanya. Peribahasa ini bermaksud masa itu sangat berharga. Masa yang kita ada perlulah digunakan sebaik mungkin untuk melakukan perkara-perkara yang **berfaedah**.

Masa membantu kita untuk menjalani **kehidupan yang seimbang**. Sebagai contoh, pada waktu siang, kita boleh melakukan aktiviti riadah, bekerja, belajar dan makan manakala pada waktu malam pula ialah masa untuk kita berehat dan tidur.

Semasa cuti persekolahan, kita boleh melakukan pelbagai aktiviti di rumah seperti membantu ibu bapa mengemas rumah, menyiram pokok bunga, menolong ibu memasak dan sebagainya. Aktiviti ini dapat meringankan beban ibu bapa di samping **mengeratkan hubungan** kekeluargaan.

Selain itu, kita juga mestilah menggunakan masa yang ada untuk mengulang kaji pelajaran atau membaca. Aktiviti ini dapat **memperbaiki kelemahan** dalam sesuatu mata pelajaran dan menambahkan kosa kata.

Kita juga boleh menggunakan masa yang ada dengan melakukan aktiviti riadah bersama keluarga. Antara aktiviti yang boleh dilakukan ialah berkelah, berkebun ataupun membuat aktiviti sukan seperti bermain badminton atau berenang. Aktiviti ini bukan sahaja dapat mengeratkan hubungan malah menyihatkan badan dan **mencerdaskan minda** kita.

Kesimpulannya, masa itu amat berharga. Untuk memiliki kehidupan yang lebih berkualiti, kita mestilah menghargai masa dan menggunakannya dengan melakukan aktiviti yang berfaedah.

Jawab soalan-soalan yang berikut. Bulatkan jawapan yang betul.

1. Apakah maksud peribahasa 'Masa itu Emas'?

a) Masa itu sangat berharga
b) Masa itu sangat lewat
c) Masa itu sangat mewah
d) Masa itu sangat pantas

2. Masa membantu kita menjalani . . .

a) kehidupan yang tidak stabil
b) kehidupan yang sibuk
c) kehidupan yang seimbang
d) kehidupan yang mencabar

3. Aktiviti yang berikut boleh dilakukan semasa cuti persekolahan kecuali . . .

a) Melepak di kompleks beli-belah
b) Membantu ibu bapa di rumah
c) Aktiviti riadah
d) Menolong ibu memasak

4. Mengapakah kita perlu menghargai masa?

a) Untuk menjadi manusia yang sempurna
b) Untuk memiliki kehidupan yang berkualiti
c) Untuk memiliki kekayaan dan kemewahan
d) Untuk menjadi pelajar cemerlang

KOSA KATA

Padankan ayat-ayat berikut dengan kosa kata yang tepat.

Ayat
1. Ibu merebus daging itu selama 20 ________ sehingga empuk.
2. Nisa membeli seutas ________ berjenama Omega.
3. Shahrul bangun seawal jam enam ________ supaya tidak terlewat ke sekolah.
4. Burung-burung pulang ke sarang pada waktu ________.
5. Para petani bekerja di sawah waktu ________.
6. Kamilia masuk tidur pada jam 10 ________.
7. Lelaki itu hampir terlanggar tiang lampu kerana terlelap beberapa ________.
8. Kapal terbang ke Macau terlewat selama ________ jam.
9. Cuaca pada waktu ________ sangat panas.
10. Perompak bertopeng itu memecah masuk ke dalam rumah Encik Chiew pada waktu ________ semasa mereka sekeluarga sedang tidur nyenyak.

Kosa Kata
petang
siang
minit
tengah malam
pagi
setengah
tengah hari
malam
saat
jam tangan

TATABAHASA

Latihan 1

Tentukan sama ada kata nama khas yang berikut ialah FLORA atau FAUNA.

1. Raflesia = ________

2. Monyet proboscis = ________

3. Badak sumatera = ________

4. Durian sultan = ________

Latihan 2

Isi tempat kosong dengan jawapan yang sesuai.

pagi tadi	minggu hadapan	Kenyir	Pulau Redang

1. Tasik ________ terkenal dengan aktiviti memancing ikan air tawar.

2. Salah sebuah pulau yang terkenal di negeri Terengganu ialah ________.

3. Saya bersarapan nasi lemak ________ sebelum ke sekolah.

4. Kami akan bercuti ke pantai pada ________ selepas peperiksaan tamat.

Terus Bestari

Anda mahu menyertai acara Larian Amal sempena Hari Kebangsaan. Anda diminta untuk mengisi borang penyertaan acara larian tersebut.

Lengkapkan borang yang diberi.

LARIAN HARI KEBANGSAAN 2019

Maklumat Peserta:

Nama: .... Tarikh Lahir: ....

No. Kad Pengenalan: ....

Alamat Rumah: ....

Alamat E-mel: ....

Maklumat Acara Larian:

Tarikh: 30 Ogos 2019 Hari: Ahad Tempat: Dataran Merdeka, Kuala Lumpur

Isi maklumat acara larian yang telah dipilih:

Kategori: .... Bayaran: **RM** ....

Masa Pelepasan: .... Tandatangan Peserta: ....

KATEGORI	MASA
A – 21 KM	6.00 PAGI
	6.10 PAGI
	6.15 PAGI

KATEGORI	MASA
B – 10 KM	6.20 PAGI
	6.25 PAGI
	6.30 PAGI

KATEGORI	MASA
C – 5 KM	6.40 PAGI
	6.50 PAGI
	7.00 PAGI

BAYARAN	RM
A – 21 KM	75.00

BAYARAN	RM
B – 10 KM	65.00

BAYARAN	RM
C – 5 KM	45.00

Petah Berbicara

Cuti persekolahan baru sahaja bermula. Anda berbual-bual dengan rakan baik anda tentang aktiviti yang hendak dilakukan sepanjang musim cuti persekolahan ini. Jalankan perbualan dan berbincang dengan rakan baik anda apakah yang perlu dilakukan untuk mengisi masa tersebut.

Senarai soalan:

a) Cadangkan beberapa aktiviti yang boleh dilakukan.

b) Bilakah anda akan melakukan aktiviti tersebut?

c) Dengan siapakah anda akan melakukan aktiviti tersebut?

d) Mengapakah anda memilih aktiviti-aktiviti itu?

e) Apakah kebaikan yang diperoleh apabila melakukan aktiviti tersebut?

3 KELUARGA DAN HAIWAN PELIHARAAN
FAMILY AND PETS

MEMBACA

Baca petikan di bawah dengan teliti. Kemudian, jawab semua soalan yang berikut.

Nama saya Ismail bin Ismadi. Keluarga saya terdiri daripada ayah, ibu dan seorang adik perempuan. Saya merupakan anak sulung dalam keluarga. Nama ayah saya ialah Ismadi bin Mohamad. Ayah saya berumur 43 tahun. Ayah saya seorang guru. Beliau sangat penyayang dan bertanggungjawab.

Nama ibu saya ialah Maria binti Ahmad. Ibu saya berumur 42 tahun. Ibu saya bekerja sebagai seorang jururawat. Ibu saya merupakan anak tunggal dalam keluarganya.

Saya mempunyai seorang adik bongsu perempuan yang bernama Hanisah binti Ismadi. Adik saya berumur lapan tahun. Dia belajar di Tahun 2. Adik saya sangat suka menyanyi.

Pada setiap hujung minggu, kami akan melakukan aktiviti riadah bersama-sama di taman permainan. Kami akan berbasikal atau berjoging. Aktiviti riadah ini mencergaskan badan dan mencerdaskan minda kami sekeluarga.

Bulatkan jawapan yang betul.

1. Keluarga Ismail terdiri daripada berapa orang?

a) Empat orang **b)** Lima orang **c)** Tiga orang **d)** Dua orang

2. Siapakah nama ayah Ismail?

a) Ismail bin Musa **b)** Ismadi bin Mohamad **c)** Iswadi bin Mamat **d)** Ismadi bin Ahmad

3. Apakah pekerjaan ibu Ismail?

a) Guru **b)** Doktor **c)** Jururawat **d)** Ahli farmasi

4. Mengapakah Ismail dan keluarganya suka melakukan aktiviti riadah?

a) Dapat mencerdaskan minda

b) Dapat menghargai alam sekitar

c) Dapat mengenali jiran

d) Dapat menyanyi bersama

KOSA KATA

Tuliskan maksud setiap kosa kata yang berikut. Anda boleh merujuk kamus atau Internet untuk mendapatkan maksud yang tepat.

Perkataan	Maksud
1. Keluarga	
2. Anak sulung	
3. Anak bongsu	
4. Anak tunggal	
5. Bahagia	

TATABAHASA

Isi tempat kosong dengan kata ganti nama tunjuk yang sesuai.

Saya ada seekor haiwan peliharaan. Haiwan peliharaan saya (1) ________ (sini, ini) ialah seekor kucing jantan. Nama kucing (2) ________ (ini, situ) ialah Awang. Saya mengambil kucing (3) ________ (sini, ini) di hujung jalan (4) ________ (itu, situ). Awang suka makan makanan kucing Royal Canin. Bapa saya selalu membeli makanan kucing (5) ________ (ini, situ) di sebuah kedai haiwan peliharaan di tepi surau (6) ________ (sini, itu). Pada sebelah petang, saya akan membawa Awang bersiar-siar di taman (7) ________ (itu, situ).

Terus Bestari

Dalam masyarakat Melayu di Malaysia, kata panggilan yang digunakan dalam sesebuah keluarga adalah berbeza mengikut negeri. Jadual berikut menerangkan penggunaan beberapa contoh kata panggilan dalam keluarga.

KATA PANGGILAN	PENGGUNAAN
Along, Yong, Yeop, Bong, Chor	Panggilan untuk anak sulung.
Angah, Ngah	Panggilan untuk anak kedua.
Alang, Uda, Yang	Panggilan untuk anak ketiga.
Anjang, Andak	Panggilan untuk anak keempat.
Uteh, Teh	Panggilan untuk anak kelima.
Cik	Panggilan untuk anak yang seterusnya.
Tam, Itam	Panggilan untuk anak yang seterusnya.
Usu, Busu, Ucu	Panggilan untuk anak bongsu.
Tok, Tok Wan, Tok Ki, Aki, Wan	Panggilan untuk datuk.
Opah, Nenek, Tok Mi, Tok Ma, Wan	Panggilan untuk nenek.

Bina ayat dengan menggunakan kata panggilan yang berikut.

1. Nenek: ________________

2. Abang Long: ________________

3. Kak Ngah: ________________

4. Tok Wan: ________________

5. Usu: ________________

6. Alang: ________________

7. Uda: ________________

Petah Berbicara

Di sebuah kedai haiwan peliharaan, seorang wanita ingin membeli seekor kucing dan seekor arnab. Haiwan peliharaan ini adalah untuk hadiah hari jadi anak bongsunya. Beliau bertanya kepada pemilik kedai haiwan peliharaan itu tentang haiwan yang ingin dibelinya.

Jalankan main peranan antara wanita tersebut dengan pemilik kedai haiwan peliharaan ini.

Senarai Soalan:

a) Apakah haiwan yang mahu dibeli?

b) Berapakah ekor haiwan yang mahu dibeli?

c) Apakah jantina haiwan yang ingin dibeli?

d) Beritahu harga untuk setiap haiwan tersebut.

e) Untuk siapakah haiwan peliharaan ini?

4 RUTIN SEKOLAH *SCHOOL ROUTINE*

MEMBACA

Baca diari Siti tentang kehidupannya di sekolah.

24 Ogos 2019 (Rabu)

Jam 7:35 pagi hingga 8:00 pagi

Saya terus masuk ke dalam bilik darjah mencari Hannah untuk bertanya tentang kerja sekolah Matematik yang perlu dihantar esok. Hannah sering membantu saya menyelesaikan masalah Matematik.

Jam 8:00 pagi hingga 11:10 pagi

Di dalam kelas Bahasa Melayu, cikgu memberitahu tentang lawatan ke Muzium Negara dan Muzium Diraja pada bulan Ogos. Selepas kelas Bahasa Melayu, saya ke makmal komputer untuk menghadiri kelas Komputer dan Teknologi Maklumat. Saya perlu menyiapkan projek slaid pembentangan bersama Liza. Selepas itu, saya ke Makmal Sains. Saya meminati subjek Sains kerana saya suka membuat eksperimen.

Jam 11:10 pagi hingga 12:10 tengah hari

Saya terlupa membawa bekal makanan hari ini. Oleh itu, saya perlu membeli makanan di kantin pada waktu rehat. Selepas makan, saya dan Aina ke perpustakaan untuk meminjam novel penyiasatan.

Jam 12:15 tengah hari hingga 3:30 petang

Subjek Sejarah ialah subjek yang membuatkan saya mengantuk. Tetapi, saya perlu lulus dalam ujian. Saya suka bermain bola keranjang semasa subjek Pendidikan Jasmani. Sekolah akan menganjurkan hari sukan tahunan tidak lama lagi dan saya telah mengambil bahagian dalam acara larian.

Latihan 1

Isi tempat kosong dengan perkataan yang betul.

mengantuk	bertemu	Ogos	perpustakaan	membeli

1. Siti sering ________ Hannah jika dia mempunyai masalah dalam subjek Matematik.
2. Cikgu memberitahu tentang lawatan pada bulan ________.
3. Siti terpaksa ________ makanan kerana dia tidak membawa bekal makanannya.
4. Selepas makan makanan yang dibeli, Siti ke ________ untuk meminjam buku.
5. Sejarah membuatkan Siti berasa ________ tetapi dia akan belajar untuk lulus dalam ujian.

<u>Latihan 2</u>

Bulatkan jawapan yang betul.

1. Pada hari apakah Siti perlu menghantar kerja rumah Matematik?
   a) Khamis **b)** Jumaat **c)** Isnin **d)** Sabtu
2. Ke manakah Siti pergi selepas menyiapkan kerja rumah Matematik?
   a) makmal komputer **c)** perpustakaan
   b) kelas Bahasa Melayu **d)** kantin
3. Siapakah nama rakan Siti yang bersama-sama membuat projek Komputer dan Teknologi Maklumat?
   a) Hannah **b)** Aina **c)** Liza **d)** Aini
4. Apakah subjek yang diminati oleh Siti?
   a) Bahasa Melayu **c)** Matematik
   b) Sains **d)** Pendidikan Jasmani
5. Mengapakah Siti ke perpustakaan?
   a) meminjam novel **c)** meminjam buku rujukan
   b) membaca buku **d)** berjumpa rakannya

KOSA KATA

Berikut ialah aktiviti-aktiviti yang boleh dilakukan di sekolah. Labelkan aktiviti yang diberi dengan kemudahan di sekolah.

Pilihan jawapan:

Makmal komputer	Perpustakaan	Kantin	Padang sekolah
Gelanggang bola keranjang	Makmal sains	Bilik seni lukis	
Bilik darjah	Bilik guru	Bilik pemulihan bahasa	

1. Membantu murid lemah dalam bahasa.
   ____
2. Menjalankan eksperimen.
   ____
3. Bermain bola sepak.
   ____
4. Menyiapkan poster.
   ____
5. Membeli makanan.
   ____
6. Belajar.
   ____
7. Menanda buku murid.
   ____
8. Membuat slaid pembentangan.
   ____
9. Meminjam buku.
   ____
10. Bermain bola keranjang.
   ____

TATABAHASA

Isi tempat kosong dengan kata tunggal yang sesuai.

1. Setiap pagi, Amir ______________ pakaian seragamnya sebelum ke sekolah. (lipat, pakai)
2. Kami __________ sarapan pagi bersama keluarga sebelum menaiki bas sekolah. (makan, masak)
3. Pada waktu rehat, beberapa pelajar pergi ke perpustakaan untuk __________. (berlari, belajar)
4. Selepas pulang dari sekolah, Hani __________ kerja rumah di biliknya. (buat, baca)
5. Gulai di dalam periuk itu belum ________ lagi. (masuk, masak)
6. Husaini ________ bola ke tengah padang. (pandang, tendang)
7. Pak Cik Samad _________ rumput di belakang rumahnya. (tebas, libas)
8. Cikgu Yusuf ________ kereta ke sekolah. (bantu, pandu)

Terus Bestari

Di dalam jadual di bawah ialah kemudahan yang disediakan di sekolah dan aktiviti yang dilakukan oleh para pelajar di tempat tersebut. Tulis sepuluh ayat untuk menerangkannya. Lihat contoh ayat yang diberikan.

KANTIN	DEWAN SEKOLAH	PERPUSTAKAAN	PADANG SEKOLAH	BILIK DARJAH
Waktu rehat	Perhimpunan	Membaca	Bola sepak	Kerja sekolah
Membeli makanan	Ucapan	Mencari bahan rujukan	Acara larian	Melukis
Beratur	Konsert	Membaca surat khabar	Acara melontar peluru	Perbincangan kumpulan

Contoh: Pada waktu rehat, Hanis akan ke perpustakaan untuk meminjam buku.

1. ______________________________
2. ______________________________
3. ______________________________
4. ______________________________
5. ______________________________
6. ______________________________
7. ______________________________
8. ______________________________
9. ______________________________
10. ______________________________

Petah Berbicara

Pada cuti semester pertama yang lalu, sekolah anda telah menganjurkan sebuah lawatan sambil belajar ke Muzium Negara dan Muzium Diraja di Kuala Lumpur. Jalankan perbualan dan bincangkan lawatan tersebut dengan rakan anda.

Senarai soalan:

a) Bilakah anda menyertai lawatan itu?

b) Berapakah bilangan murid yang menyertai lawatan itu?

c) Apakah kebaikan yang diperoleh hasil daripada lawatan tersebut?

d) Bagaimanakah cara untuk menggalakkan murid-murid menyertai aktiviti lawatan sambil belajar?

e) Bagaimanakah perasaan anda sebelum, semasa dan selepas lawatan ini?

5 RUMAH DAN KEHIDUPAN DI TEMPAT TINGGAL
HOUSE AND HOME LIFE

MEMBACA

Baca teks di bawah.

Keluarga Bahagia

Hubungan antara ahli keluarga pada masa kini semakin renggang. Hal ini berpunca daripada sikap ibu bapa yang kurang memberikan kasih sayang dan perhatian kepada anak-anak. Oleh yang demikian, terdapat pelbagai aktiviti bersama-sama yang perlu diwujudkan dalam setiap keluarga bagi mengeratkan hubungan. Antaranya, menyediakan makan malam bersama-sama. Cara ini dapat mewujudkan suasana bantu-membantu.

Selain itu, ibu bapa perlu membantu anak-anak untuk menyiapkan kerja sekolah. Walaupun penat bekerja, ibu bapa mesti meluangkan masa berbual dengan anak-anak sebelum mereka tidur. Bagi anak-anak yang tidak faham tentang apa yang dipelajari, semestinya mereka mahu mencari bantuan dan rujukan. Mereka akan berasa gembira jika mendapat tunjuk ajar daripada ibu bapa mereka.

Ibu bapa juga boleh membawa anak-anak pergi bercuti ke tempat yang menarik pada musim cuti sekolah. Aktiviti sebegini dapat mengelakkan anak-anak daripada terpengaruh dengan aktiviti yang tidak berfaedah. Pelbagai aktiviti boleh dilakukan semasa bercuti seperti mandi-manda di air terjun, berkelah dan mendaki gunung. Kesimpulannya, aktiviti bersama-sama anak-anak dapat mewujudkan kasih sayang dalam sesebuah keluarga.

<u>Latihan 1</u>

Berdasarkan petikan di atas, jawab soalan-soalan yang diberikan.

1. Mengapakah hubungan keluarga semakin renggang pada masa kini?

a) anak-anak kurang memberi perhatian kepada ibu bapa

b) ibu bapa kurang memberi perhatian kepada anak-anak

c) banyak aktiviti dilakukan bersama-sama

d) ibu bapa terlalu penat bekerja

2. Apakah yang boleh dilakukan oleh ibu bapa sebelum anak-anak tidur?

a) membantu dalam pelajaran

b) menyediakan makan malam

c) berbual dengan anak

d) membawa anak-anak bercuti

3. Apakah yang dapat dielakkan jika ibu bapa membawa anak-anak bercuti?

a) aktiviti rekreasi seperti mandi-manda di air terjun dan berkelah

b) terpengaruh dengan aktiviti-aktiviti tidak berfaedah

c) anak-anak berasa malas untuk belajar

d) hubungan yang renggang antara ahli keluarga

Latihan 2

Lihat gambar-gambar berikut dan tuliskan huruf yang betul [A, B, C, D, E, F, G, H] di dalam kotak yang disediakan.

A	B	C	D

E	**F**	**G**	**H**

1. Kegiatan yang menyihatkan badan.

2. Kawasan kejiranan yang luas dan cantik.

3. Membantu ibu di dapur.

4. Bersedia untuk pergi ke sekolah.

5. Aktiviti yang mengeratkan hubungan.

6. Mengulang kaji untuk peperiksaan.

7. Aktiviti bersama rakan-rakan di padang.

8. Mengikuti kelas bahasa.

Petah Berbicara

Seorang pelajar baru sahaja berpindah ke sebuah rumah baharu. Di sekolah, seorang rakan ingin bertanyakan kepadanya berkenaan rumah tersebut. Jalankan situasi main peranan antara pelajar tersebut dan rakannya.

Antara maklumat yang boleh digunakan dalam situasi main peranan ini:

a) Di manakah rumah itu?

b) Apakah yang menarik dengan rumah itu?

c) Berapakah jumlah bilik tidur dan bilik mandi?

d) Siapakah yang tinggal bersama di rumah itu?

e) Adakah rumah itu selesa untuk diduduki? Mengapa?

KOSA KATA

Latihan 1

Untuk setiap ayat di bawah, pilih perkataan yang betul untuk melengkapkan ayat.

1. Dari __________ (tingkap/hamparan) rumahnya, Azhar melambai-lambai kepada saya yang berada di halaman rumah.
2. __________ (sofa/tuala mandi) itu disangkut di bahagian belakang pintu.
3. Di ruang tamu, ibu menghamparkan (sinki/tikar) __________ untuk kami berehat.
4. Setelah pulang dari sekolah, Azman berehat di atas (cermin/sofa) __________ sambil membaca buku cerita.
5. Rumah Alina mempunyai beberapa buah (tingkap/sinki) __________ yang besar.

Latihan 2

Pilih nama yang tepat bagi bahagian rumah di bawah.

anjung   lantai   beranda   tingkap   dinding

TATABAHASA

Latihan 1

Garis lima kata kerja yang terdapat dalam petikan di bawah.

Pada setiap hujung minggu, Lily akan mengikut ibu ke pasar dengan menaiki kereta. Ibu akan membeli lauk-pauk seperti ikan, ayam dan sayur-sayuran. Ibu akan cuba tawar-menawar dengan penjual untuk mendapatkan harga yang murah. Selalunya, penjual akan memberikan potongan harga kepada ibu kerana ibu ialah pelanggan tetap mereka. Selepas itu, ibu akan membawa Lily ke kedai menjual kuih-muih. Lily akan meminta ibu membeli kuih kegemarannya. Lily berasa amat seronok.

Latihan 2

Pilih jawapan yang sesuai dan isi tempat kosong yang disediakan.

membuka   dibeli   menghadiahkan   menempah
menconteng   ditutup   berbincang

1. Ayah __________ sepasang kasut bola kepada abang.
2. Delia telah __________ buku kepunyaan kakaknya.
3. Sofa yang baru __________ itu empuk dan selesa.
4. Daen sedang __________ mengenai susun atur perabot di rumah barunya.
5. Mak Siti berjaya __________ sebuah kedai makan di Kampung Sentosa.

Terus Bestari

Isi jadual di bawah dengan aktiviti harian anda.

Masa	Aktiviti
8.00 pagi – 12.00 tengah hari	
12.00 tengah hari – 2.00 petang	
2.00 petang – 5.00 petang	
5.00 petang – 8.00 malam	
8.00 malam – 10.00 malam	

MENDENGAR 1

Rakaman audio mengenai jadual harian kehidupan Robert akan diperdengarkan. Sebelum mendengar, baca teks di bawah. Teks ini mempunyai beberapa tempat kosong untuk diisi selepas anda mendengar rakaman. Dengar rakaman tersebut dan kenal pasti apakah aktiviti-aktiviti harian yang dilakukan oleh Robert dari waktu pagi sehingga waktu malam. Selepas mendengar, isi tempat-tempat kosong dengan jawapan yang sesuai.

Setiap pagi Robert bangun sekitar jam 6.00 pagi. Selepas 1. ____________ dan 2. ______________, Robert akan menunggu bas sekolah. Biasanya, bas sekolah Robert tiba jam 7.00 pagi. Perjalanan dari rumah ke sekolah akan mengambil masa 3. ____________. Sampai sahaja di sekolah, Robert terus pergi ke kelasnya.

Waktu persekolahan adalah dari jam 4. ____________ hingga jam 2.00 petang. Robert akan menaiki bas sekolah sekali lagi selepas tamat waktu persekolahan. Dia sampai di rumah pada jam 2.30 petang. Selepas mandi, makan dan 5. ____________, Robert pergi ke padang yang berhampiran dengan rumahnya. Robert dan kawan-kawannya suka bermain 6. ____________. Pada jam 6.30 petang, Robert pulang ke rumah. Dia membantu ibu dan bapanya untuk membersihkan halaman rumah. Robert suka menyiram pokok-pokok bunga di halaman rumahnya.

Robert sekeluarga 7. ____________ bersama-sama pada setiap hari. Selepas itu, Robert membantu ibunya untuk mengemas meja makan. Kemudian, dia menonton televisyen. Sebelum tidur, dia menyiapkan 8. ____________. Pada hujung minggu, Robert sekeluarga selalu keluar bersama-sama. Robert sungguh gembira hidup bersama lima orang ahli keluarganya. Kadang-kadang, 9. ____________ Robert datang untuk tinggal bersama mereka.

6 KAMPUNG HALAMAN DAN PERSEKITARAN
HOME TOWNS AND SURROUNDINGS

MEMBACA

Latihan 1

Lihat gambar yang diberikan di bawah. Namakan permainan kanak-kanak pada zaman dahulu dan sekarang.

1. ______ **2.** ______ **3.** ______

Baca petikan di bawah dan jawab soalan-soalan yang berikutnya.

Perbezaan Permainan Dahulu dan Sekarang

Permainan merupakan salah satu daripada aktiviti rekreasi yang boleh mendatangkan keseronokan dan mengisi masa lapang. Permainan boleh dilakukan sama ada secara berseorangan atau berkumpulan. Permainan mempunyai peraturan atau syarat yang perlu dipatuhi.

Seperti yang kita tahu, terdapat pelbagai jenis permainan tradisional. Permainan seperti gasing, wau, congkak, atau tarian naga, mempunyai ciri-ciri yang melambangkan kesenian dan keharmonian rakyat Malaysia. Kebiasaannya, aktiviti ini dilakukan secara berkumpulan oleh mereka yang mempunyai hobi dan minat yang sama.

Hal ini berlainan pula dengan permainan sekarang seperti permainan komputer yang boleh dimainkan secara berseorangan. Selain itu, bermain permainan komputer secara berlebihan boleh merosakkan mata dan kesihatan. Sesetengah individu yang ketagih tidak peduli sama ada mereka makan atau tidur kerana ingin fokus semata-mata untuk bermain permainan ini.

Kesimpulannya, permainan tradisional pada zaman dahulu mempunyai unsur-unsur positif yang dapat mengeratkan perhubungan. Di samping itu, permainan tradisional mempunyai unsur kebudayaan dan kesenian tempatan berbanding dengan permainan sekarang. Sebahagian permainan sekarang mempunyai unsur seram dan ganas yang boleh merosakkan tahap pemikiran kanak-kanak.

Latihan 2

Jawab soalan-soalan berikut berdasarkan petikan dengan membulatkan jawapan yang betul.

1. Berikut merupakan contoh permainan tradisional, kecuali:

a) permainan wau
b) permainan gasing
c) permainan komputer
d) tarian naga

2. Apakah kesan bermain permainan komputer secara berlebihan?

a) mempunyai ciri-ciri kesenian
b) merosakkan mata
c) mengeratkan hubungan
d) tidak peduli untuk makan atau tidur

3. Mengapakah permainan sekarang boleh merosakkan pemikiran kanak-kanak?

a) permainan sekarang mempunyai unsur-unsur positif
b) permainan sekarang mempunyai unsur ganas dan seram
c) permainan sekarang dapat mengeratkan hubungan
d) permainan sekarang memberi kesan kepada kesihatan

KOSA KATA

Lihat senarai kosa kata di sebelah kiri. Padankan kosa kata ini dengan keterangan yang sesuai di sebelah kanan.

1. lampu trafik	• tempat untuk menonton filem
2. taman permainan	• kediaman dalam bangunan yang tinggi
3. stadium	• mempunyai lampu-lampu berwarna merah, hijau dan kuning
4. pangsapuri	• tempat yang mempunyai banyak tempat duduk untuk penonton
5. lapangan	• tempat untuk kanak-kanak bermain
6. pawagam	• kawasan luas untuk berhimpun
7. ladang	• kawasan tanaman untuk buah-buahan atau sayur-sayuran
8. pagar	• sesuatu yang mengelilingi sebuah rumah
9. kilang	• tempat untuk menghantar surat
10. pejabat pos	• tempat penghasilan produk

TATABAHASA

Baca ayat-ayat di bawah. Tentukan imbuhan awalan yang sesuai untuk perkataan yang bergaris.

1. Ibu sedang masak kari ayam di dapur.

2. Sebagai seorang ajar sekolah, Karim akan membuat kerja sekolah pada setiap malam.

3. Lokman merupakan seorang tulis dan dia mempunyai koleksi buku yang banyak di rumahnya.

4. Pada petang ini, pakcik saya mengajak saya untuk tanam sayur di halaman rumahnya.

5. Adik sedang sapu sampah di ruang tamu bersama nenek.

6. Ayah sedang cuci kereta di garaj rumah pada waktu pagi.

Terus Bestari

Bayangkan anda tinggal di sebuah bandar atau kampung yang anda sangat suka. Tulis sepucuk surat tidak rasmi kepada seorang rakan anda di luar negara. Panjang surat anda hendaklah antara 80 hingga 90 patah perkataan.

Surat anda boleh mengandungi maklumat berikut:

a) Di manakah lokasi bandar atau kampung itu?

b) Sejak bilakah anda mula tinggal di situ?

c) Apakah tempat-tempat menarik yang berdekatan?

d) Mengapakah anda suka tinggal di situ?

Panjang surat anda hendaklah antara 80 hingga 90 patah perkataan.

Petah Berbicara

Anda dan keluarga anda sedang bercuti di Malaysia. Anda telah melawat ke Zoo Negara di kawasan Hulu Kelang, berdekatan Kuala Lumpur. Ceritakan selama dua minit mengenai pengalaman anda melawat ke zoo tersebut.

Penceritaan anda boleh mengandungi maklumat berikut:

a) pengangkutan yang boleh digunakan untuk ke sana.

b) bayaran masuk untuk golongan dewasa dan kanak-kanak.

c) aktiviti-aktiviti yang disediakan oleh pihak pengurusan Zoo Negara kepada pengunjung.

d) tarikan utama yang terdapat di Zoo Negara.

e) kemudahan seperti kedai makan dan kedai cenderamata.

7 MAKANAN, MINUMAN DAN MAKAN DI LUAR
FOOD, DRINKS AND DINING OUT

MEMBACA

Baca petikan di bawah dan jawab soalan-soalan yang berikutnya.

Makanan Kegemaran Saya

Nasi lemak merupakan makanan kegemaran bagi kebanyakan rakyat Malaysia, terutamanya sebagai sarapan pagi. Untuk memasak nasi lemak, nasi dimasak dengan menggunakan santan bagi menambah rasa lemaknya. Kadangkala, daun pandan dimasukkan semasa nasi lemak dimasak bagi menambahkan aromanya.

Antara bahan lain yang dimasukkan semasa memasak nasi lemak ialah hirisan halia dan bawang merah. Nasi lemak akan dihidangkan dengan telur, timun, ikan bilis goreng, kacang tanah goreng dan sambal. Nasi lemak dijual dengan pelbagai lauk seperti ayam goreng, ayam goreng berempah, sambal kerang atau sambal sotong.

Nasi lemak amat mudah didapati. Ramai peniaga menjual nasi lemak sama ada di tepi jalan, warung atau restoran. Kini, nasi lemak bukan lagi semata-mata sebagai sajian semasa sarapan pagi. Ramai orang menikmati nasi lemak sebagai makanan tengah hari atau malam. Nasi lemak disukai ramai kerana harganya yang murah dan mudah disediakan

<u>Latihan 1</u>

Bulatkan bahan-bahan yang digunakan untuk menghasilkan dan menghidangkan nasi lemak berdasarkan petikan di atas.

telur tepung timun kubis kentang
ikan bilis lobak merah santan sosej halia

<u>Latihan 2</u>

Padankan penyataan yang diberikan dengan jawapan yang tepat.

1. Nasi lemak dijual dengan	harganya yang murah dan mudah disediakan.
2. Nasi dimasak dengan menggunakan santan	di tepi jalan, warung atau restoran.
3. Ramai peniaga menjual nasi lemak	pelbagai lauk.
4. Ramai orang menikmati nasi lemak sebagai	bagi menambah rasa lemaknya.
5. Nasi lemak disukai ramai kerana	makanan tengah hari atau malam.

KOSA KATA

Lihat senarai kosa kata di bawah. Tentukan sama ada kosa kata tersebut adalah sejenis alatan, makanan atau minuman.

susu	air tapis	beras	mangkuk	terung
piring	kekacang	garfu	roti bakar	kuali leper

Alatan	Makanan	Minuman
1. ______	**1.** ______	**1.** ______
2. ______	**2.** ______	**2.** ______
3. ______	**3.** ______	
4. ______	**4.** ______	

TATABAHASA

Isi tempat kosong dengan kata terbitan akhiran '...an' yang dieja dengan betul.

1. ______ (Cadanggan/Cadangan) Sani diterima pasukannya dengan meriah.

2. Ayah memuji ______ (masakan/masakkan) Ibu setiap hari.

3. Lihat ______ (bangunan/bangunaan) yang tinggi itu.

4. Kami menikmati ______ (hidangan/hidanggan) di restoran baharu itu.

5. Pelayan membawa ______ (minuman/minumaan) ke meja kami dengan segera.

6. Kakak memilih ______ (pesanan/pesanann) makanan melalui telefon.

MENDENGAR 2

Baca soalan-soalan di bawah. Anda akan mendengar rakaman audio antara seorang pemuda bernama Amar dan pelayan. Dengar rakaman audio dengan teliti dan tentukan lokasi perbualan ini berlangsung. Selepas selesai mendengar, jawab soalan-soalan di bawah. Bagi setiap soalan, tandakan (✓) dalam kotak yang betul (a, b atau c).

1. Apakah yang diberikan oleh pelayan kepada Amar?

a) menu ☐ **b)** risalah ☐ **c)** resit ☐

2. Apakah jenis masakan yang disediakan di situ?

a) Masakan Melayu ☐ **b)** Masakan Barat ☐ **c)** Masakan Thai ☐

3. Apakah yang dipesan oleh Amar?

a) tom yam daging ☐ **b)** sup sayur ☐ **c)** pulut ayam ☐

4. Berapa lamakah Amar perlu menunggu?

a) 5 minit ☐ **b)** 10 minit ☐ **c)** 15 minit ☐

Terus Bestari

Anda selalu membantu ibu anda untuk memasak di dapur. Ibu anda telah mengajar anda resepi makanan kegemaran anda. Anda ingin berkongsi resepi masakan ini dalam blog anda. Tuliskan resepi tersebut. Panjang karangan anda hendaklah antara 80 hingga 90 patah perkataan.

Maklumat berikut boleh digunakan dalam penulisan anda:

a) Nama makanan kegemaran.

b) Bahan-bahan yang diperlukan.

c) Cara-cara memasak.

d) Cadangan cara untuk menghidangkan makanan.

Petah Berbicara

Seorang pemuda ingin menempah meja di sebuah restoran makanan laut untuk makan malam bersama keluarganya. Dia menghubungi pihak restoran untuk membuat tempahan melalui panggilan telefon. Jalankan situasi main peranan antara pemuda tersebut dan pihak restoran.

Maklumat di bawah boleh digunakan semasa situasi main peranan.

a) Pengenalan diri dan tujuan menelefon.

b) Hari dan masa tempahan.

c) Jumlah ahli keluarga yang akan menyertai.

d) Makanan dan minuman yang ingin dipesan.

8 MAKANAN DAN MINUMAN DARI SERATA DUNIA

FOOD AND DRINKS FROM AROUND THE WORLD

MEMBACA

Baca petikan di bawah. Kemudian, jawab semua soalan yang berikutnya berdasarkan petikan tersebut.

Festival Makanan Dunia

Pada 29 hingga 30 September yang lalu, Jabatan Kebudayaan telah menganjurkan Festival Makanan Dunia, bertempat di Dewan Kebudayaan Kuala Lumpur. Tujuan festival ini adalah untuk memperkenalkan makanan dari negara serata dunia kepada masyarakat. Festival ini telah mendapat sambutan yang menggalakkan daripada masyarakat setempat.

Mereka boleh mencuba pelbagai jenis makanan dari negara seperti Thailand, Indonesia, Jepun, Eropah dan India. Setiap pengunjung hanya dikenakan bayaran masuk sebanyak RM10 sahaja. Mereka boleh mencuba pelbagai jenis makanan. Antaranya ialah makanan Indonesia seperti soto, rendang daging dan bakso. Selain itu, pengunjung juga boleh mencuba makanan dari Jepun seperti susyi, teh herba dan tempura. Makanan dari Itali pula ialah piza, burger dan lasagna. Makanan yang paling banyak mendapat sambutan adalah dari negara Thailand iaitu tom yam, somtam dan kari hijau. Hidangan dari negara India pula ialah tosai, kheema dan capati. Semua makanan ini telah disediakan oleh cef terkenal yang dibawa khas dari negara asal makanan tersebut.

Latihan 1

Senaraikan makanan untuk negara-negara berikut.

1. India ____________ **3.** Indonesia ____________

2. Itali ____________ **4.** Thailand ____________

Latihan 2

Pilih jawapan yang betul untuk setiap soalan di bawah.

1. Siapakah penganjur Festival Makanan Dunia?

a) Dewan Kuala Lumpur **c)** Jabatan Kebudayaan

b) Festival Makanan Dunia **d)** Dewan Kebudayaan

2. Berapakah bayaran masuk untuk seorang pengunjung?

a) Sepuluh Ringgit **d)** Lima belas Ringgit

b) Dua puluh Ringgit **d)** Percuma

3. Makanan dari negara manakah yang paling banyak mendapat sambutan?

a) Indonesia **c)** Malaysia

b) Thailand **d)** Jepun

KOSA KATA

Isi tempat kosong dengan kosa kata yang tepat.

sayur-sayuran	susyi	kegemaran	tom yam	tempura

1. Makanan popular di Thailand ialah ____________.

2. Roti canai merupakan makanan ____________ rakyat Malaysia.

3. Kimchi diperbuat daripada ____________.

4. Orang Jepun gemar memakan ____________.

5. Antara bahan yang diperlukan untuk menghasilkan ____________ ialah udang.

TATABAHASA

Latihan 1

Tentukan kata terbitan apitan yang sesuai untuk perkataan yang bergaris dalam setiap ayat. Anda harus menggunakan sama ada kata terbitan apitan 'Me..kan', 'Memper..' atau 'Memper..kan'.

1. Chef itu sedang masuk bahan-bahan segar ke dalam mangkuk besar.

2. Tukang masak terpaksa pecah kelapa tua itu untuk mendapatkan santannya.

3. Festival makanan antarabangsa itu telah temu ramai chef terkenal dari pelbagai negara.

4. Pelayan itu sedang penuh meja bufet dengan pelbagai jenis kuih dan minuman.

5. Pemilik restoran itu ingin besar ruang dapur supaya lebih selesa untuk memasak.

Latihan 2

Pilih kata terbitan apitan yang betul untuk ayat-ayat berikut.

1. __________ dari bandar ke kampung saya mengambil masa lebih kurang empat jam.

   a) perjalanan b) pemakanan c) pengenalan

2. Kanak-kanak itu berada di taman __________ bersama-sama ibu bapanya.

   a) penyampaian b) permainan c) perjalanan

3. Nenek saya tinggal di kawasan __________.

   a) penilaian b) pelaburan c) pedalaman

4. Di lembah gunung itu, terdapat __________ orang asli.

   a) pemakanan b) peperiksaan c) perkampungan

5. __________ bas itu terletak berhampiran dengan balai polis.

   a) perhentian b) penilaian c) perbuatan

Terus Bestari

Tulis satu artikel mengenai makanan istimewa sesebuah negara yang terkenal di seluruh dunia. Panjang artikel tersebut hendaklah antara 80 hingga 90 patah perkataan. Antara maklumat yang boleh anda masukkan adalah seperti berikut:

a) Nama makanan dan negara.

b) Bahan-bahan yang digunakan untuk memasak makanan itu.

c) Cara makanan itu dimasak.

d) Adakah anda menyukai makanan itu? Berikan sebab.

Petah Berbicara

Anda baru sahaja pulang daripada melawat seorang rakan di luar negara. Ketika di sana, anda menyertai suatu perayaan bersama keluarganya. Ceritakan pengalaman anda mengenai makanan dan minuman yang dihidangkan sewaktu perayaan tersebut. Masa penceritaan anda hendaklah sekitar dua minit sahaja.

Maklumat di bawah boleh digunakan sebagai panduan:

a) Nama perayaan tersebut.

b) Jenis makanan dan minuman yang dihidangkan.

c) Rasa makanan dan minuman tersebut.

d) Perasaan anda semasa menikmati makanan dan minuman tersebut.

9 KESIHATAN DAN KECERGASAN
HEALTH AND FITNESS

MEMBACA

Baca petikan berikut.

Gaya Hidup Sihat

Amalan gaya hidup ialah kegiatan yang dilakukan setiap hari. Sihat bermaksud tidak berpenyakit. Oleh itu, amalan gaya hidup sihat bermaksud kegiatan yang dilakukan setiap hari supaya terhindar daripada sebarang penyakit. Bagi mendapatkan kesihatan yang baik, seseorang itu perlu melakukan senaman. Kita digalakkan bersenam selama 30 minit sekurang-kurangnya tiga kali seminggu untuk mendapatkan badan yang sihat.

Selain itu, kita perlu menjaga kebersihan diri, pakaian dan tempat tinggal. Kebersihan penting untuk menggambarkan imej diri seseorang. Persekitaran yang bersih akan memberikan ketenangan kepada kita. Manakala, pengambilan makanan seimbang dan berkhasiat pula penting untuk badan. Setiap orang perlu makan sayur dan buah setiap hari.

Selain amalan jasmani, amalan rohani juga penting. Kita perlu mengamalkan nilai-nilai murni untuk hidup lebih gembira. Kesimpulannya, amalan gaya hidup sihat perlulah dipupuk sejak kecil lagi supaya anak-anak kita mengamalkan gaya hidup sihat sejak awal lagi.

Latihan 1

Lengkapkan carta di bawah.

diri	sihat	senaman	seimbang	bersih

GAYA HIDUP SIHAT

1. 30 minit 3 kali seminggu ____________

2. Persekitaran ____________

3. Badan ____________

4. Makanan ____________

5. Kebersihan ____________

Latihan 2

Berdasarkan teks di halaman 28, jawab soalan-soalan di bawah.

1. Bagaimanakah cara untuk mendapatkan kesihatan yang baik?
   a) Makan dengan banyak
   b) Sentiasa berehat
   c) Melakukan senaman
   d) Mengamalkan nilai murni

2. Setiap orang perlu menjaga .... diri, pakaian dan tempat tinggal.
   a) kebersihan
   b) kesihatan
   c) kekuatan
   d) ketenangan

3. Selain amalan jasmani, amalan apakah yang perlu diambil berat?
   a) Murni
   b) Rohani
   c) Diri
   d) Pemakanan

KOSA KATA

Cari 10 perkataan berkaitan dengan kesihatan dan kecergasan dalam kotak di bawah. Kemudian, tandakan jawapan tersebut dalam kotak silang kata yang disediakan.

Lemah | Aktif | Sihat | Lesu | Cerdas
Bertenaga | Seimbang | Cergas | Sakit | Penyakit

N	A	K	T	I	F	W	W	B	L
O	K	A	Z	B	M	S	A	D	E
B	E	R	T	E	N	A	G	A	S
S	L	C	I	L	G	K	G	G	U
C	Q	B	U	E	F	I	D	E	L
E	W	N	K	M	Q	T	U	R	P
R	E	M	J	A	H	R	T	T	E
G	A	S	I	H	A	T	E	F	N
A	S	E	L	D	R	H	P	G	Y
S	A	R	P	F	T	F	I	H	A
T	F	D	Y	G	Y	E	R	U	K
F	S	E	I	M	B	A	N	G	I
J	J	S	C	E	R	D	A	S	T

TATABAHASA

Pilih kata terbitan yang sesuai untuk diisi ke dalam tempat kosong.

kesihatan | ketahanan | kecederaan
kelesuan | kebersihan

1. Program ____________________ dijalankan setiap pagi di sekolah.
2. Untuk menjaga ____________________, kita harus makan makanan yang seimbang.
3. Bersenam yang keterlaluan mudah meningkatkan ____________________ otot dan tulang.
4. Pemilik kedai makan haruslah mementingkan ____________________ tempat memasak.
5. Tidur yang tidak cukup akan meningkatkan ____________________ badan.

Terus Bestari

Latihan 1

Berikut ialah gambar tentang gaya hidup sihat dan gaya hidup kurang sihat. Bandingkan kedua-dua gambar tersebut. Kemudian, tulis 5 ayat mengenai perbandingan tersebut.

KEBAIKAN	KEBURUKAN

1. ______________________________
2. ______________________________
3. ______________________________
4. ______________________________
5. ______________________________

Latihan 2

Anda merupakan wakil pelajar yang diminta memberi ucapan di perhimpunan sekolah mengenai 'Kebaikan Bersenam'. Tulis ucapan anda dengan panjangnya antara 80 hingga 90 patah perkataan. Ucapan anda hendaklah mengandungi perkara-perkara yang berikut:

a) Siapakah yang perlu bersenam?
b) Bilakah masa yang sesuai untuk bersenam?
c) Di manakah tempat terbaik untuk melakukan aktiviti senaman?
d) Bagaimanakah senaman boleh menjadikan diri lebih positif?
e) Mengapakah senaman perlu dilakukan?

Petah Berbicara

Aniq ditugaskan untuk menemu bual seorang doktor berkenaan dengan amalan gaya hidup sihat untuk diterbitkan dalam majalah sekolahnya. Aniq telah ke klinik untuk bertemu doktor tersebut.

Jalankan main peranan situasi di klinik antara Aniq dan doktor berkenaan.

1. Apakah maksud amalan gaya hidup sihat?
2. Bagaimanakah cara untuk mengamalkan gaya hidup sihat?
3. Mengapakah setiap orang perlu tahu tentang amalan ini?
4. Apakah jenis makanan yang perlu diambil setiap hari?
5. Mengapakah amalan gaya hidup sihat sangat penting?

10 MEMBELI-BELAH
SHOPPING

MEMBACA

Baca dialog antara Aisha dan jurujual di bawah. Kemudian, jawab Latihan 1 dan Latihan 2.

Jurujual: Boleh saya bantu, cik?

Aisha: Saya hendak mencari sebuah beg sandang untuk wanita.

Jurujual: Jenama apa yang cik mahu?

Aisha: Oh, saya tidak kisah tentang jenama. Saya ingin beg yang menggunakan material kain.

Jurujual: Bagaimanakah dengan beg ini?

Aisha: Saya suka akan bentuknya tapi saya mahu warna merah atau biru. Warna-warna terang lebih menarik.

Jurujual: Baiklah. Beg ini mungkin sesuai dengan cita rasa cik.

Aisha: Ya, saya suka. Bolehkah saya mendapatkan saiz yang sederhana?

Jurujual: Bagaimanakah dengan saiz beg ini?

Aisha: Wah, saya suka jenis kain dan warnanya. Berapakah harga beg ini?

Jurujual: Selepas diskaun 40 peratus, beg ini berharga RM125 sebuah.

Aisha: Baiklah, berikan saya kedua-dua warna iaitu biru dan merah. Saya ingin hadiahkan kepada adik saya yang berwarna biru. Bolehkah beg ini dimasukkan di dalam kotak hadiah?

Jurujual: Baiklah, cik.

Latihan 1

Bulatkan maklumat tentang beg yang Aisha beli.

merah	besar	kain	hijau	potongan 40%
RM100	potongan 45%	RM125	kulit	sederhana

Latihan 2

Pilih jawapan berdasarkan petikan yang telah dibaca.

1. Apakah jenis beg yang dicari oleh Aisha?

a) beg duit **b)** beg tangan **c)** beg sandang **d)** beg hadiah

2. Nyatakan jenis bahan beg yang diinginkan oleh Aisha.

a) kain **c)** getah

b) kulit **d)** kapas

3. Mengapakah Aisha lebih suka akan warna-warna yang terang?

a) cantik
b) menarik
c) murah
d) sesuai dengan cita rasa

4. Apakah saiz beg yang diinginkan?

a) sederhana
b) kecil
c) besar
d) saiz yang sesuai

5. Berapakah harga yang dibayar oleh Aisha untuk kedua-dua beg tersebut?

a) RM225 **b)** RM250 **c)** RM125 **d)** RM300

KOSA KATA

Padankan situasi yang diberikan dengan kosa kata yang sesuai.

	Situasi	Kosa kata
1.	Encik Devin ingin mendapatkan harga yang murah. Jadi, dia perlu ________	senarai barang
2.	Para pelajar perlu ________ sebelum membeli makanan di kantin.	kaunter pembayaran
3.	Barang-barang ini perlu dibayar di ________.	tawar-menawar
4.	________ telah mengangkat barang-barang ke dalam stor.	jurujual
5.	Ibu menulis ________ sebelum ke pasaraya.	beratur

TATABAHASA

Pilih kata ganda terbitan sisipan yang betul untuk setiap soalan.

1. Kedai itu dihiasi dengan ________ berwarna-warni sempena jualan Tahun Baharu.

a) tali-temali **b)** jemari **c)** telunjuk

2. Ketika memilih kasut, ________ saya menyentuh setiap pasang kasut yang dipamerkan.

a) jari-jemari **b)** gelembung **c)** gemilang

3. Kedai itu dihias dengan lampu ________ yang berkelip di pintu masuk sempena jualan akhir tahun.

a) kerlip-kerlip **b)** tali-temali **c)** telapak

4. Ayah menggunakan ________ tangan untuk membawa semua beg plastik dari pasar raya.

a) telapak **b)** jari-jemari **c)** tali-temali

5. Baju-baju baharu itu digantung ________ di rak utama dengan tanda harga berwarna merah.

a) bertali-temali **b)** berderet-deret **c)** gemilang

6. Suasana di pusat membeli-belah itu sangat ________ dengan orang ramai yang berpusu-pusu membeli-belah.

a) riuh-rendah
b) tali-temali
c) jari-jemari

Terus Bestari

Anda telah membeli sebuah telefon bimbit secara dalam talian. Namun, telefon tersebut telah rosak semasa sampai di rumah anda. Tulis surat kepada pemilik kedai untuk memaklumkan hal tersebut. Panjang surat anda hendaklah antara 80 hingga 90 patah perkataan.

a) Perkenalkan diri anda dan tujuan surat dihantar.

b) Apakah barang yang anda beli dan jenamanya?

c) Bilakah barang itu sampai? Bagaimanakah keadaan barang tersebut?

d) Mengapakah anda berasa kecewa?

e) Nyatakan hasrat anda untuk menukar telefon yang lain.

Petah Berbicara

Anda ingin membeli baju berjenama yang agak mahal harganya di sebuah pasar raya. Beritahu kawan anda mengenai keinginan anda tersebut.

Perbualan anda hendaklah mengandungi perkara-perkara seperti berikut:

a) Apakah jenama baju itu dan berapakah harganya?

b) Mengapakah anda inginkan baju itu?

c) Apakah warna, jenis kain dan saiz yang anda inginkan?

d) Di manakah kedai tersebut?

e) Berapakah potongan harga yang diberikan?

11 UKURAN DAN BAHAN
MEASUREMENT AND MATERIAL

MEMBACA

Baca petikan perbualan antara Natalie dan Siti.

Natalie: Hai, Siti. Adakah awak sibuk sekarang?

Siti: Hai, Natalie. Saya tidak sibuk. Kenapa?

Natalie: Saya ingin membuat sepasang baju kurung sempena majlis perkahwinan anak jiran saya pada bulan hadapan. Saya ditugaskan untuk menjadi penyambut tetamu. Bolehkah awak memberi cadangan kepada saya mengenai jenis kain yang sesuai?

Siti: Oh, tiada masalah. Di manakah majlis tersebut akan diadakan?

Natalie: Majlis itu akan diadakan di Dewan Desa Murni.

Siti: Jika majlis itu di tempat tertutup, awak boleh menggunakan kain satin. Kain jenis ini sangat lembut dan halus. Kainnya tidak berat dan sesuai untuk dipakai di dalam dewan.

Natalie: Saya berminat dengan kain jenis kapas. Saya ada melihat kawan saya memakainya. Kainnya sangat cantik dengan corak yang menarik. Saya ada juga melihat kawan yang menjualnya di Facebook.

Siti: Pada pendapat saya, kain jenis kapas memang cantik. Kain jenis ini sesuai jika awak menghadiri majlis di luar yang terdedah dengan cuaca yang panas. Kain ini boleh menyerap peluh berbanding satin.

Natalie: Baiklah. Berapa meter kain yang perlu saya beli?

Siti: Untuk membuat baju kurung, awak hanya perlu membeli empat meter kain sahaja. Dua meter untuk membuat baju dan dua meter untuk membuat kain.

Natalie: Baiklah.

Siti: Kedai kain EuroMode sedang mengadakan jualan murah. Kedai tersebut mempunyai banyak pilihan.

Natalie: Okey, saya akan mengajak emak saya ke sana. Terima kasih, Siti.

Siti: Sama-sama.

Jawab soalan-soalan yang diberikan.

1. Siapakah yang ingin membeli kain tersebut?
2. Bilakah kain itu diperlukan?
3. Di manakah kain itu akan dipakai?
4. Apakah jenis kain yang dicadangkan oleh Siti?
5. Mengapakah Siti mencadangkan kain jenis tersebut?
6. Berapakah meter kain yang diperlukan oleh Natalie?

KOSA KATA

Di bawah merupakan kosa kata yang berkaitan dengan ukuran dan bahan. Bina ayat menggunakan perkataan-perkataan yang diberikan.

1. membeli – meter – pakaian

____

2. memandu – kilometer – kerja

____

3. pokok – tanam – renek

____

4. rumah – luas – Ampang

____

5. besi – berkarat – bahaya

____

6. periuk – baru – logam

____

7. katil – lebar – kuat

____

TATABAHASA

Pilih kata adjektif yang sesuai bagi soalan-soalan yang diberikan.

1. Jus oren itu sangat ________ kerana ditambah terlalu banyak gula.

a) masam **b)** tawar **c)** manis

2. Meja itu berbentuk ________ dan diperbuat daripada kayu jati yang kukuh.

a) bulat **b)** kecil **c)** kempis

3. Baldi plastik itu sudah ________ kerana digunakan terlalu lama.

a) baru **b)** retak **c)** ringan

4. Lantai bilik itu masih ________ kerana baru sahaja dibersihkan.

a) licin **b)** kasar **c)** kering

5. Tukang jahit itu ________ menerima tempahan daripada pelanggan tetapnya.

a) jarang **b)** kerap **c)** cepat

6. Kain baldu itu sangat ________ menyebabkan ia terasa panas apabila dipakai.

a) tebal **b)** besar **c)** nipis

7. "Sila hantar ukuran baju ________ supaya tempahan dapat disiapkan hari ini juga," kata pereka fesyen itu.

a) segera **b)** lambat **c)** selalu

Terus Bestari

Anda dan keluarga telah berpindah ke rumah baharu. Anda ingin memberitahu abang anda yang berada di luar negara mengenai rumah baharu tersebut. Tulis e-mel kepada abang anda. Panjang e-mel anda hendaklah antara 130 hingga 140 patah perkataan.

a) Di manakah letaknya rumah baharu itu?

b) Bagaimanakah reka bentuk rumah anda?

c) Apakah jenis perabot untuk rumah baharu?

d) Berapakah keluasan rumah anda?

e) Berapakah ukuran keluasan bilik tidur anda?

Petah Berbicara

Hariz ingin membuat kabinet di dapur rumahnya. Dia telah ke kedai kabinet untuk bertanya mengenai tempahan tersebut.

Jalankan main peranan antara Hariz dan jurujual kabinet.

1. Memberitahu tujuan ke kedai kabinet itu.
2. Berapakah ukuran dan saiz kabinet dapur yang dimahukan?
3. Apakah warna yang diinginkan untuk kabinet?
4. Bagaimanakah reka bentuk kabinet yang anda mahu?
5. Beritahu bajet yang telah anda sediakan.

12 REKREASI DAN HIBURAN

RECREATION AND ENTERTAINMENT

MEMBACA

Baca petikan di bawah dengan teliti.

Pada hari Ahad yang lepas, Melissa dan keluarganya telah ke pantai Port Dickson untuk berkelah. Perjalanan ke sana mengambil masa hampir satu jam dari Kuala Lumpur. Ibu telah menyediakan bekalan makanan dan minuman untuk dibawa ke sana. Apabila sampai di sana, Melissa dan adik tidak sabar untuk berenang dan membuat istana pasir. Ayah menemani Melissa dan adik berenang. Ibu pula sibuk menghidangkan makanan untuk mereka. Antara makanan yang dibawa oleh ibu ialah nasi goreng, sosej, ayam goreng, sandwic dan air oren.

Ayah membawa Melissa dan adik mandi-manda di pantai. Ayah membawa pelampung untuk mereka. Di sana, terdapat banyak aktiviti yang dilakukan oleh pengunjung lain seperti bermain bola pantai, sukaneka, membina istana pasir dan mengambil gambar. Suasana di sana agak meriah. Selepas penat mandi, mereka membuat istana pasir. Ayah membina sebuah istana pasir yang agak besar.

Selepas itu, ibu memanggil mereka untuk makan tengah hari. Masakan ibu sangat sedap dan enak. Ayah mengambil gambar mereka sekeluarga sebagai kenangan. Selesai makan, mereka berjalan di sekitar pantai Port Dickson. Melissa dan adik mengutip kulit cangkerang untuk dibuat koleksi. Terdapat banyak jenis bentuk dan warna cangkerang.

Adik meminta ayah untuk membeli ais krim. Ayah juga membelikan aiskrim coklat untuk Melissa dan ibu. Melissa melihat ramai kanak-kanak bermain layang-layang di sekitar pantai. Ayahnya berjanji akan mengajar Melissa membuat layang-layang setelah pulang nanti. Perkelahan itu sangat menyeronokkan. Ayah dan ibu berjanji akan membawa mereka ke Port Dickson lagi pada bulan hadapan.

Latihan 1

Padankan perkataan di bawah berdasarkan teks yang telah dibaca.

1.	nasi	oren
2.	mengambil	pantai
3.	bola	pasir
4.	air	gambar
5.	istana	goreng

Latihan 2

Gariskan jawapan yang sesuai dalam ayat-ayat yang diberikan.

1. Keluarga Melissa telah pergi (berkelah/bermain) pada hari Ahad.
2. Ibu Melissa menyediakan makanan dan (menu/minuman) untuk ke Port Dickson.
3. Melissa dan adiknya berasa tidak (mahu/sabar) untuk berenang.
4. (Ibu/Ayah) membawa Melissa dan adiknya ke pantai untuk mandi.
5. Ayah berjanji akan (mengajar/membeli) Melissa membuat layang-layang.

Latihan 3

Jawab soalan-soalan di bawah berdasarkan teks yang telah dibaca.

1. Berapa lamakah perjalanan mereka ke sana?
2. Apakah bekalan yang dibawa oleh ibu?
3. Senaraikan aktiviti yang dilakukan oleh Melissa.
4. Siapakah yang telah membeli aiskrim?
5. Bilakah mereka akan ke Port Dickson lagi?

KOSA KATA

Jawab latihan di bawah dengan kosa kata yang berkaitan dengan rekreasi dan hiburan yang sesuai.

sukaneka	bola pantai	menari	hari keluarga
persembahan		pertunjukan	tarian

1. Rani sedang ____________ tarian tradisional India di hadapan kelas tariannya.
2. Kanak-kanak tadika itu sedang membuat latihan ____________ untuk acara sukan tahunan.
3. Para penari profesional sedang membuat ____________ di Istana Budaya.
4. Sekumpulan remaja lelaki sedang bermain ____________ di tepi Pantai Chenang.
5. Syarikat percetakan itu akan mengadakan ____________ untuk pekerjanya di Taman Rekreasi Alam Megah.

TATABAHASA

Pilih kata sendi nama yang sesuai bagi ayat-ayat di bawah.

1. ____________ tadi dia bercerita ____________ kejayaannya memenangi acara larian.

tentang	sejak

2. Manaf tertidur ____________ jam dua petang ____________ jam empat petang.

dari	hingga

3. "____________ mana hendak ____________ mana?" tanya emak kepada sepupunya.

dari	ke

4. Saya telah menyertai kelab mendaki gunung ____________ tahun lalu ____________ mengisi masa lapang.

sejak	untuk

5. Keluarga saya pergi ____________ taman rekreasi ____________ setiap hari Ahad.

ke	pada

Terus Bestari

Jadual di bawah merupakan aktiviti-aktiviti yang dilakukan oleh Amelina pada hujung minggu. Berdasarkan jadual tersebut, tulis karangan diari mengenai aktiviti yang telah dilakukan oleh Amelina. Karangan anda hendaklah sekitar antara 80 hingga 90 patah perkataan.

Hari/Masa	8:00-10:00	11:00-1:00	2:00-5:00	5:30-8:00
Sabtu	Berjoging bersama-sama ayah di taman rekreasi sejauh 5km.	Berehat dan makan tengah hari di rumah. Bersiap-siap untuk keluar dengan kawan-kawan.	Keluar bersama-sama kawan baik untuk menonton teater di Istana Budaya.	Makan petang. Kami bermain boling di Times Square. Pulang ke rumah.
Hari/Masa	**8:00-10:00**	**11:00-1:00**	**2:00-3:00**	**4:00-6:00**
Ahad	Berkelah di kawasan air terjun bersama keluarga. Mandi-manda serta memancing.	Merentas hutan bersama ayah. Mengambil gambar.	Memasak untuk makan tengah hari.	Mengemas untuk pulang ke rumah. Selamat sampai di rumah.

Petah Berbicara

Lucy telah meluangkan masa dengan keluarganya ke pusat beli-belah pada hujung minggu. Lucy ingin menceritakan mengenai aktiviti-aktiviti yang telah dilakukan dengan keluarga kepada kawan baiknya di sekolah.

Perbualan tersebut hendaklah mengandungi perkara seperti berikut:

a) Ke manakah anda pergi dan pukul berapakah anda keluar rumah?

b) Apakah aktiviti pertama yang dilakukan?

c) Di manakah tempat makan tengah hari?

d) Apakah aktiviti yang dilakukan selepas makan?

e) Ceritakan mengenai perasaan anda pada hari tersebut.

13 PERAYAAN DAN MAJLIS ISTIMEWA
FESTIVALS AND SPECIAL OCCASIONS

MEMBACA

Latihan 1

Isikan maklumat dengan memilih jawapan yang disediakan.

Nama	Ahmad bin Halim	Ng Zhi Yi	Sangetha a/p Ramesh
Bangsa			
Perayaan			
Pakaian Tradisional			

India　Hari Raya　Melayu　Baju Melayu　Tahun Baru Cina

Cina　Samfoo　Deepavali　Sari

Latihan 2

Baca petikan e-mel yang dihantar oleh Jehan kepada sahabatnya, Lia.

Kepada:	Lia
Subjek:	Sambutan Hari Raya

Hai Lia,

Apa khabar kamu dan keluarga kamu di Kuala Lumpur? Semoga semuanya sihat. Bagaimana sambutan Hari Raya Aidilfitri kamu baru-baru ini? Adakah banyak duit raya yang kamu dapat? Bagi saya, sambutan Hari Raya kali ini sungguh meriah dan menyeronokkan. Kami sekeluarga menyambut Hari Raya di rumah datuk dan nenek di Taiping, Perak.

Nenek dan mama saya menyediakan makanan tradisi keluarga kami iaitu rendang tok yang dimakan dengan lemang jagung. Pada malam raya, saya dan sepupu bermain bunga api di halaman rumah. Suasana sangat meriah. Atuk saya telah memasang pelita di halaman rumah.

Pada pagi raya, kami pergi ke rumah saudara-mara dan jiran tetangga. Kami menjamu selera dan berbual sehingga petang. Saya mendapat banyak duit raya. Datuk dan nenek memberi duit raya sebanyak seratus ringgit kepada saya. Mak cik dan pak cik saya pula masing-masing menghulurkan lima puluh ringgit sebagai duit raya tahun ini. Abang dan kakak sepupu saya juga pulang beraya di kampung. Masing-masing memberikan duit raya dan juga hadiah kepada saya.

Wah, saya menjadi kaya-raya dalam masa sehari! Saya berasa begitu gembira dan teruja sepanjang sambutan Hari Raya kali ini kerana menerima begitu banyak duit raya. Ibu dan bapa menasihati saya supaya menggunakan wang tersebut dengan jimat cermat atau memasukkannya ke dalam akaun simpanan saya di bank. Baiklah, sampai di sini dahulu. Jangan lupa membalas e-mel saya. Terima kasih.

Yang benar,
Jehan

Jawab soalan-soalan yang berikut.

1. Di manakah Jehan menyambut hari raya?

a) Di Kuala Lumpur
b) Di rumah sendiri
c) Di rumah saudara-mara
d) Di rumah datuk dan nenek di Taiping, Perak

2. Namakan hidangan tradisi keluarga Jehan.

a) Ketupat dan rendang ayam
b) Rendang tok dan lemang jagung
c) Nasi impit dan kuah kacang
d) Sate dan lontong

3. Apakah yang dilakukan pada malam raya?

a) Tidur awal dan makan malam
b) Bermain bunga api dan pasang pelita
c) Menonton televisyen
d) Memasak dan mencuci pinggan

4. Ke manakah mereka pergi pada pagi hari raya?

a) Ke masjid
b) Ke taman permainan
c) Ke rumah saudara-mara dan jiran tetangga
d) Ke pusat membeli-belah

5. Siapakah yang memberikan duit raya kepada Jehan?

a) Cikgu dan kawan-kawan
b) Datuk dan nenek sahaja
c) Ibu dan bapa sahaja
d) Datuk, nenek, mak cik, pak cik, abang dan kakak sepupu

KOSA KATA

Bina ayat dengan menggunakan kosa kata yang berkaitan dengan perayaan dan hari istimewa yang disenaraikan di bawah.

1. duit raya
2. meraikan tetamu
3. bunga api
4. majlis
5. rumah terbuka
6. meriah
7. pelita
8. menjemput
9. saudara-mara
10. jiran

TATABAHASA

Bulatkan jawapan kata bilangan yang sesuai.

1. Tetamu telah menikmati ________ juadah yang disediakan semasa majlis rumah terbuka itu.
a) segelintir **b)** semua **c)** separa

2. Di dewan itu, hiasan yang berwarna merah dan emas telah dipasang di tingkat ________ bangunan.
a) lima **b)** kelima **c)** kelima-lima

3. Aina telah diumumkan sebagai pemenang tempat ________ dalam pertandingan pakaian tradisional itu.
a) dua **b)** kedua **c)** kedua-dua

4. Ketupat dan rendang masih tinggal ________ untuk dihabiskan.
a) setiap **b)** segelintir **c)** separuh

5. ________ orang jiran membantu menghias balai raya untuk sambutan Hari Raya Aidilfitri.
a) separuh **b)** beberapa **c)** kebanyakan

Terus Bestari

Lengkapkan jadual di bawah dengan perkataan-perkataan yang berkaitan dengan tiga jenis perayaan. Salin jadual ini di atas sehelai kertas dan isi jawapan anda.

Hari Raya Aidilfitri	Tahun Baru Cina	Hari Deepavali

lemang   muruku   sari   kuih kapit   cheongsam   idli
kuih loyang   tarian singa   takbir raya   warna merah   duit raya
angpau   baju kurung   yee sang   mandi minyak
bersalam-salaman   berpuasa   baju kurta

Petah Berbicara

Bazli telah mendapat jemputan daripada kawannya iaitu Sazali untuk ke majlis rumah terbuka sempena sambutan Hari Raya Aidilfitri. Bazli telah disapa oleh datuk Sazali.

Jalankan main peranan antara Bazli dan datuk Sazali.

a) Memberi ucapan hari raya kepada datuk Sazali.

b) Bertanya khabar kepada datuk Sazali.

c) Bagaimanakah persiapan hari raya?

d) Apakah makanan istimewa pada hari tersebut?

e) Ucapkan terima kasih atas jemputan dan duit raya.

14 PELANCONGAN DAN PENGANGKUTAN

TRAVEL AND TRANSPORT

MEMBACA

Latihan 1

Gambar di bawah menunjukkan jenis pengangkutan yang terdapat di Malaysia. Nyatakan nama pengangkutan tersebut.

bas
feri
teksi
kereta api (LRT)
monorel

1

2

3

4

5

Baca petikan berikut.

Kebaikan Menggunakan Pengangkutan Awam

Pengangkutan awam seperti bas, kereta api seperti monorel, LRT dan teksi semakin menjadi pilihan masyarakat pada hari ini. Pengangkutan awam beroperasi seawal enam pagi bertujuan untuk memberi kemudahan kepada para pengguna. Terdapat banyak kebaikan menggunakan pengangkutan awam. Antara kebaikannya adalah dapat mengurangkan kesesakan jalan raya yang sering berlaku di bandar-bandar besar. Jika masyarakat hari ini menggunakan pengangkutan awam ke tempat kerja, pasti kesesakan jalan raya dapat diatasi dengan baik.

Selain itu, kita juga dapat menjimatkan masa. Penggunaan Transit Aliran Ringan (LRT) atau monorel yang tidak menggunakan jalan raya pasti mengurangkan masa perjalanan. Kita akan sampai ke destinasi dengan lebih cepat.

Kos pengangkutan juga dapat dijimatkan. Orang ramai yang tidak membawa kereta tidak perlu membayar harga petrol, tol dan tempat letak kenderaan. Wang tersebut pula boleh disimpan atau digunakan untuk perkara yang lain.

Pencemaran udara juga dapat dikurangkan. Jika kenderaan di atas jalan raya berkurangan, maka asap kenderaan yang berbahaya kepada manusia dapat dikurangkan. Rakyat juga dapat hidup sihat dan sejahtera. Akhir sekali, penggunaan pengangkutan awam dalam kehidupan seharian bukan sahaja dapat *memberi manfaat* kepada masyarakat pada hari ini, malah mampu mengurangkan kos sara hidup yang semakin meningkat.

Latihan 2

Jawab soalan-soalan di bawah berdasarkan petikan yang telah dibaca.

1. Apakah jenis pengangkutan awam yang terdapat dalam petikan?
2. Pada pukul berapakah pengangkutan awam beroperasi?
3. Apakah kebaikan menggunakan pengangkutan awam?
4. Berikan dua kos yang perlu dibayar oleh pengguna jalan raya.
5. Nyatakan maksud *memberi manfaat* dalam petikan.

Latihan 3

Padankan perkataan di bawah berdasarkan teks yang telah dibaca.

1.	pengangkutan	masa
2.	waktu	udara
3.	menjimatkan	awam
4.	kereta	operasi
5.	pencemaran	api

KOSA KATA

Susun semula lima kosa kata yang berkaitan dengan perjalanan dan pengangkutan di bawah berdasarkan ayat-ayat yang diberikan.

1. Sebelum menaiki bas, Hanan perlu membayar ____________ terlebih dahulu.

A	T	M	N	G	B	A

2. Pemandu bas akan memeriksa ____________ para penumpangnya sebelum memulakan perjalanan.

T	E	I	K	T		A	S	B

3. Para ____________ pesawat diminta untuk memakai tali pinggang keselamatan sebelum berlepas.

E	U	M	P	G	N	A	P	N

4. ____________ teksi akan mengenakan bayaran mengikut meter yang ditetapkan.

M	E	N	U	D	P	A

5. ____________ motosikal wajib memakai topi keledar dengan betul.

O	B	P	N	E	C	M	N	G	E

TATABAHASA

Gariskan kata perintah yang sesuai dalam ayat di bawah.

1. "__________ bantu saya angkat beg ini ke dalam teksi," kata pelancong itu kepada pemandu. (sila/tolong)

2. __________ letakkan barang yang berat di atas tempat duduk bas. (jangan/harap)

3. "Tidak __________ kamu risau tentang tiket itu kerana saya sudah menempahnya," kata ejen pelancongan. (usah/jangan)

4. ________ naik ke dalam bas dengan tertib dan berhati-hati. (sila/harap)

5. Penumpang diminta __________ memakai tali pinggang keledar sebelum kapal terbang berlepas. (tolong/jemput)

Terus Bestari

Tulis sebuah karangan mengenai pencemaran udara akibat penggunaan kenderaan. Karangan anda hendaklah antara 130 hingga 140 patah perkataan yang mengandungi perkara berikut:

a) Apakah maksud pencemaran udara?

b) Nyatakan punca-punca kepada pencemaran udara.

c) Apakah kesan kepada manusia daripada masalah ini?

d) Bagaimanakah pencemaran udara memberi kesan kepada alam sekitar?

e) Berikan cara-cara untuk mengatasi masalah ini.

Petah Berbicara

Bapa anda telah membeli sebuah kenderaan baharu untuk kegunaan keluarga anda. Ceritakan kepada rakan anda mengenai kenderaan tersebut.

Perbualan tersebut hendaklah mengandungi perkara seperti berikut:

a) Apakah jenama kenderaan itu dan warnanya?

b) Bilakah bapa anda membelinya?

c) Di manakah negara asal kenderaan itu?

d) Mengapakah anda suka akan kenderaan tersebut?

e) Berapakah orang yang boleh menaiki kenderaan itu dalam satu masa?

15 PANDUAN ARAH
GIVING DIRECTIONS

MEMBACA

Latihan 1

Masukkan tanda arah pada kompas di bawah.

Timur (*East*)	**Barat (*West*)**
Utara (*North*)	**Selatan (*South*)**

Latihan 2

Berikan kata lawan untuk setiap kata arah di bawah.

1. utara	-	________	**3.** atas	-	________	**5.** kiri	- ________
2. timur	-	________	**4.** dalam	-	________	**6.** hadapan	- ________

Baca perbualan telefon antara Ali dan Abu di bawah.

Ali: Helo, assalamualaikum. Abu, maaflah, saya lewat untuk ke perbincangan projek kita.

Abu: Waalaikumussalam. Tidak mengapa. Kawan-kawan kita baru sahaja tiba.

Ali: Saya berada di perhentian bas Taman Bunga. Rumah awak di mana?

Abu:	Rumah saya di Lorong Melur. Dari perhentian bas itu, belok masuk ke Jalan Orkid 1. Awak perlu berjalan sejauh 100 meter hingga sampai di simpang tiga. Ada tak barisan kedai dan dewan orang ramai di hadapan?
Ali:	Ya, ada.
Abu:	Di simpang tiga itu, belok masuk ke Jalan Orkid 2, di sebelah kanan awak. Ada sebuah sekolah rendah dan padang di tepi jalan. Jalan terus melewati padang sekolah itu hingga tiba di simpang empat.
Ali:	Selepas itu?
Abu:	Belok ke kiri, ke Jalan Orkid 5. Ada deretan rumah teres dua tingkat di kedua-dua belah jalan.
Ali:	Ya, di hujung jalan ada sebuah jambatan kecil di sebelah kanan dan taman permainan di sebelah kiri jalan.
Abu:	Betul. Seberangi jambatan itu. Selepas itu, awak akan lihat Jalan Melur di sebelah kanan awak. Terdapat rumah teres satu tingkat. Cari rumah nombor 12. Itulah rumah saya.
Ali:	Baiklah. Terima kasih, Abu.
Abu:	Sama-sama.

Latihan 3

Pilih jawapan yang tepat untuk soalan-soalan di bawah berdasarkan perbualan di atas.

1. Ali membuat panggilan untuk ____________.

a) memohon maaf akibat kelewatan
b) menziarahi Abu di rumahnya
c) meminta arah jalan ke rumah Abu
d) bertanya tentang simpang tiga

2. Ali pergi ke rumah Abu untuk ____________.

a) menziarahi Abu
b) menemui kawan-kawannya
c) menyertai perbincangan projek mereka
d) bermain bersama-sama

3. Di manakah terletaknya rumah Abu?

a) Lorong Melur
b) Jalan Orkid 1
c) Jalan Orkid 2
d) Jalan Orkid 5

4. Barisan kedai dan dewan orang ramai terletak di ____________.

a) di jalan masuk ke Taman Bunga
b) di Jalan Orkid 1
c) di hadapan simpang tiga
d) di sebelah taman permainan

5. Apakah yang terdapat di Jalan Orkid 2?

a) Sekolah menengah dan kedai
b) Sekolah rendah dan padang
c) Dewan orang ramai dan kedai
d) Deretan rumah teres dua tingkat

6. Deretan rumah teres dua tingkat terdapat di ____________

a) Jalan Orkid 5
b) hadapan simpang tiga
c) hadapan simpang empat
d) Jalan Melur

KOSA KATA

Padankan sepuluh kosa kata di bawah yang berkaitan dengan panduan arah.

1.	simpang	jalan
2.	berpatah	empat
3.	lampu	rumah
4.	nombor	isyarat
5.	tepi	balik

TATABAHASA

Padankan kata arah bagi ayat-ayat yang diberikan.

1.	Ibu meletakkan pasu bunga di ________ meja hiasan.	bawah
2.	Malini berdiri di tepi jalan untuk melintas ke ____________.	luar
3.	Adik bersembunyi di __________ katil ketika bermain dengan kakak.	atas
4.	Rakan Umar sedang menunggunya di ________ pagar rumahnya.	dalam
5.	Mira menyimpan bukunya di ________ beg sekolah.	seberang

Terus Bestari

Baca panduan arah jalan di bawah. Tandakan destinasi Mariam dari pintu keluar tol Tapah.

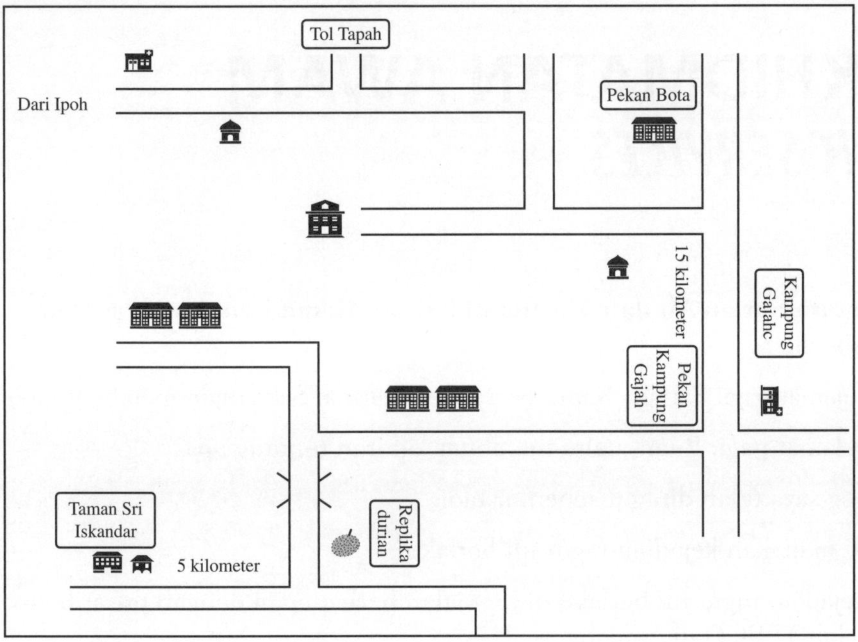

Dari pintu keluar tol Tapah, Mariam memandu keretanya hingga tiba di sebuah simpang tiga. Di simpang tiga itu, dia membelok masuk ke jalan di sebelah kiri. Terdapat simpang tiga sekitar beberapa kilometer dari simpang yang pertama. Dia membelok masuk ke jalan di sebelah kanan dan memandu terus hingga tiba di satu lagi simpang tiga di hadapan. Di situ, dia membelok masuk ke jalan di sebelah kiri dan memandu melewati sebuah masjid di sebelah kanan hingga tiba di persimpangan seterusnya. Di situ, dia membelok masuk ke jalan menuju Kampung Gajah dan terus memandu sejauh 15 kilometer hingga tiba di sebuah simpang empat. Di sebelah kirinya terdapat sebuah klinik kerajaan dan Pekan Kampung Gajah yang terletak di seberang jalan tersebut. Dia membelok ke kanan lalu memandu terus menuju ke arah utara hingga tiba di sebuah simpang tiga lagi. Mariam membelok masuk ke jalan di sebelah kiri dan memandu menyeberangi sebuah jambatan dan melewati sebuah replika durian yang besar di sebelah kiri jalan. Dia memandu beberapa kilometer lagi hingga tiba di sebuah simpang tiga yang lain. Di situ, dia membelok masuk ke jalan di sebelah kanan dan memandu sejauh lima kilometer sebelum tiba di destinasinya yang terletak di sebelah kanan jalan. Ke manakah destinasi yang dituju Mariam?

Petah Berbicara

Nazrul ingin ke Tesco Seremban untuk membeli-belah. Namun begitu, Nazrul telah tersesat jalan ketika dalam perjalanan ke sana. Beliau telah berhenti di sebuah stesen minyak untuk bertanyakan arah jalan untuk ke sana.

Jalankan main peranan antara Nazrul dan pekerja di stesen minyak.

a) Perkenalkan diri dan tujuan anda.

b) Ke manakah anda hendak pergi?

c) Bertanyakan arah jalan ke tempat yang anda tuju.

d) Berapa lamakah perjalanan ke sana?

e) Ucapkan terima kasih.

16 PERKHIDMATAN AWAM
PUBLIC SERVICES

MEMBACA

Baca dialog antara Sarjan Ali dan Marina di bawah. Kemudian, jawab soalan-soalan yang diberikan.

Marina: Selamat pagi, Sarjan. Nama saya Puan Marina. Saya ingin membuat laporan.

Sarjan Ali: Selamat pagi. Puan mahu membuat laporan tentang apa?

Marina: Beg saya telah diragut sebentar tadi.

Sarjan Ali: Di manakah kejadian ragut ini berlaku?

Marina: Kejadian ragut ini berlaku di tepi jalan berhadapan dengan pusat beli-belah TESCO di Ampang.

Sarjan Ali: Boleh puan berikan masa kejadian ini berlaku?

Marina:	Pada jam 2:30 petang.
Sarjan Ali:	Baiklah, puan. Boleh puan beritahu apakah dokumen yang terdapat di dalam beg itu?
Marina:	Di dalam beg saya ada dompet berisi wang berjumlah RM1000. Selain itu, kad pengenalan, lesen memandu dan juga kad ATM bank turut disimpan di dalam dompet saya.
Sarjan Ali:	Sudahkah puan memaklumkan kepada pihak bank untuk membatalkan sebarang transaksi daripada kad ATM puan?
Marina:	Ya...saya sudah menghubungi pihak bank.
Sarjan Ali:	Ada apa-apa lagi yang perlu dicatatkan?
Marina:	Di dalam beg saya juga ada sebuah komputer riba.
Sarjan Ali:	Baiklah, puan. Laporan tentang kejadian ragut telah saya siapkan.
Marina:	Terima kasih, sarjan.
Sarjan Ali:	Sama-sama.

Latihan 1

Jawab soalan-soalan yang diberikan di bawah berdasarkan petikan yang telah dibaca.

1. Apakah tujuan Marina ke balai polis?

2. Di manakah kejadian itu berlaku?

3. Pada pukul berapakah kejadian tersebut terjadi?

4. Mengapakah Marina menghubungi pihak bank?

5. Berapakah jumlah wang yang terdapat dalam beg Marina?

Latihan 2

Berdasarkan dialog di atas, senaraikan barang-barang yang terdapat di dalam beg Puan Marina.

1. ____________________

2. ____________________

3. ____________________

4. ____________________

5. ____________________

KOSA KATA

Jawab soalan-soalan yang berkaitan dengan perkhidmatan awam dengan memilih jawapan yang disediakan di bawah.

membaiki jalan raya	beroperasi	membuat aduan
memberi bantuan	waktu bekerja	

1. Pejabat pos akan ______________ dari jam 8:30 pagi sehingga jam 5 petang.
2. ______________ bagi kakitangan kerajaan adalah pada jam 8 pagi.
3. Kami telah ______________ mengenai kerosakan pondok telefon di taman ini kepada pihak telekomunikasi.
4. Pihak Jabatan Kerja Raya sedang ______________ yang sudah lama rosak di Jalan Meru.
5. Pihak kerajaan akan ______________ kepada golongan yang tidak berkemampuan.

TATABAHASA

Berdasarkan kata tanya yang diberikan, bina satu ayat tanya yang sesuai.

1.	Siapakah	
2.	Mengapakah	
3.	Di manakah	
4.	Bilakah	
5.	Apakah	
6.	Bagaimanakah	

Terus Bestari

Anda telah kehilangan buku yang telah anda pinjam di perpustakaan. Hantar surat kepada pihak perpustakaan untuk memaklumkan mengenai masalah tersebut. Panjang surat anda hendaklah antara 130 hingga 140 patah perkataan. Surat anda hendaklah mengandungi perkara berikut:

a) Perkenalkan diri dan beritahu masalah anda.

b) Apakah tajuk buku yang telah anda pinjam?

c) Bilakah sepatutnya anda menghantar buku tersebut?

d) Di manakah buku itu hilang?

e) Apakah cadangan anda untuk menggantikan buku itu?

Petah Berbicara

Shaun ingin bercuti ke luar negara bersama keluarganya. Shaun ingin membuat perancangan sebelum percutian tersebut. Beliau telah pergi ke sebuah pusat informasi pelancongan untuk bertanya tentang beberapa perkara.

Jalankan main peranan antara Shaun dan pekerja di pusat informasi.

a) Beritahu nama negara yang telah dipilih untuk percutian ini.

b) Bilakah anda akan ke sana dan berapa lama?

c) Apakah destinasi yang menarik untuk dilawati di negara tersebut?

d) Berapakah anggaran perbelanjaan yang perlu di bawa?

e) Apakah jenis pengangkutan awam utama yang digunakan di negara itu?

17 TEMPAT UNTUK DILAWATI DAN PUSAT PELANCONGAN

PLACES TO VISIT AND TOURIST ATTRACTIONS

MEMBACA

Baca poskad di bawah dengan teliti.

Kepada: :
Ray Robin
No 82C Jalan Mawar Lima
Georg Town, 10200 Pulau Pinang.

Hai Robin,

Apa khabar? Aku hendak ceritakan kepada kamu mengenai percutian aku di Sabah. Aku ke sana bersama-sama bapa dan ibuku selama tiga hari. Di sana, aku telah pergi ke Sepilok untuk melihat Orang Utan. Aku dapat mengambil gambar Orang Utan dan memberi Orang Utan makan. Aku sangat teruja kerana ini merupakan kali pertama aku dapat melihat Orang Utan secara dekat.

Selain itu, aku juga berasa gembira kerana dapat melihat Gunung Kinabalu walaupun dari jauh. Pemandangannya sungguh indah. Di sana, terdapat banyak kaum yang berbeza. Kami telah melawat perkampungan masyarakat Kadazan yang masih mengamalkan adat budaya tradisional mereka. Aku berpeluang berkenalan dengan mereka.

Ayah menunaikan hajat aku untuk menyelam di Pulau Sipadan. Pulau ini sememangnya indah dengan kehidupan semula jadi yang masih belum tercemar. Tambahan pula, pulau ini antara tempat pilihan yang cukup terkenal dengan aktiviti menyelam. Ramai pelancong dari dalam dan luar negara yang turut melakukan aktiviti menyelam di sini. Aku dan ayah tidak melepaskan peluang untuk menyelam. Ibu pula takut untuk masuk ke dalam air. Aku dapat melihat pelbagai jenis ikan dan batu karang yang dapat dilihat di dasar laut. Aku mengambil video ketika menyelam. Aku akan hantar kepada kamu nanti. Aku rasakan percutian selama tiga hari ini terlalu pendek. Jadi, aku ingin ke sana lagi nanti bersama kamu. Kita mungkin akan ke sana pada bulan Jun nanti. Sampai di sini sahaja yang dapat aku tulis. Jumpa lagi.

Daripada,
Anthony

Latihan 1

Padankan frasa di bawah berdasarkan teks yang telah dibaca.

1.	mengambil gambar	masyarakat Kadazan
2.	dapat melihat	Pulau Sipadan
3.	melawat kampung	Orang Utan
4.	menyelam di	ikan dan batu karang
5.	melihat pelbagai jenis	Gunung Kinabalu

Latihan 2

Jawab soalan-soalan yang berikut.

1. Siapakah yang bersama-sama Anthony semasa percutian di Sabah?
2. Ke manakah mereka pergi untuk melihat Orang Utan?
3. Berikan nama kaum yang masih mengamalkan kehidupan tradisional mereka.
4. Apakah aktiviti yang dilakukan di Pulau Sipadan?
5. Mengapakah Anthony mahu ke Sabah lagi?

Latihan 3

Pilih jawapan yang betul bagi soalan-soalan berikut.

1. Siapakah yang menunaikan hajat Anthony untuk ke Pulau Sipadan?
   a) Robin **b)** ayah **c)** ibu **d)** pemandu bot
2. Apakah aktiviti yang cukup terkenal di pulau tersebut?
   a) menyelam **c)** memancing
   b) mengambil gambar **d)** berenang
3. Mengapakah ibu tidak menyelam bersama Anthony dan ayahnya?
   a) risau **c)** takut
   b) tidak tahu berenang **d)** tidak mahu basah
4. Selain ikan, apakah yang mereka lihat semasa menyelam?
   a) sotong **b)** batu karang **c)** rumpai **d)** hidupan laut
5. Pada bulan berapakah Anthony mengajak Robin ke Pulau Sipadan?
   a) Julai **b)** Januari **c)** Jun **d)** Disember

KOSA KATA

Isi tempat kosong dengan memilih perkataan yang sesuai.

indah | pelancong asing | pengalaman | keluarga | perhatian

1. Tumpuan ____________
2. Menarik ____________
3. Memori ____________
4. ____________ bermakna
5. Percutian ____________

TATABAHASA

Latihan 1

Padankan kata seru di dalam kotak dengan situasi yang sesuai.

Kata Seru
1. Wah
2. Nah
3. Ah
4. Oh
5. Eh

Situasi
• terkejut, gembira
• terkejut, marah
• hairan
• terkejut
• memberi sesuatu

Latihan 2

Pilih kata seru yang betul untuk melengkapkan ayat.

1. "______, awak sudah pulang daripada misi kemanusiaan itu!" kata Abu kehairanan.
2. "______, tahniah awak berjaya!" ucap Zakaria kepada Zamri.
3. "______, panasnya di pantai ini!" kata Amir sambil mencari tempat berteduh.
4. "______, cantiknya pemandangan di puncak bukit ini!" jerit Liyana dengan gembira.
5. "______, besarnya akuarium di pusat pelancongan ini!" kata Farid teruja.

Terus Bestari

Di bawah merupakan ayat yang tidak disusun mengikut urutan. Susun ayat-ayat tersebut dengan menulis nombor pada kotak yang disediakan untuk menjadikannya sebuah cerita.

Ketika dalam perjalanan, bas yang saya naiki telah rosak.	☐
Setelah setengah jam, barulah bas yang lain sampai.	☐
Pemandu bas meminta kami turun dari bas.	☐
Saya menaiki bas untuk ke sana.	☐
Pada cuti sekolah yang lalu, saya telah pulang ke kampung di Kelantan.	☐
Akhirnya, saya dapat meneruskan perjalanan ke kampung.	☐
Lalu, pemandu bas itu menghubungi bas yang lain.	☐

Petah Berbicara

Anda telah melancong ke tiga buah negeri iaitu Sarawak, Terengganu dan Pahang. Ceritakan kepada rakan anda di sekolah mengenai negeri-negeri yang pernah anda lawati itu.

Perbualan anda hendaklah mengandungi perkara seperti berikut:

a) Siapakah bersama anda ketika melancong ke sana?

b) Bilakah anda ke sana?

c) Apakah keistimewaan negeri-negeri tersebut?

d) Ke manakah anda pergi ketika berada di sana?

e) Ceritakan pengalaman yang tidak dapat anda lupakan.

18 PENGINAPAN SEMASA BERCUTI
HOLIDAY ACCOMMODATION

MEMBACA

Baca petikan di bawah dengan teliti dan jawab soalan-soalan yang berikut.

Percutian di Negeri Terengganu

Pada cuti yang lalu, saya dan keluarga telah bercuti ke Terengganu. Negeri Terengganu terkenal dengan pulau, batu bersurat, penyu, makanan yang lazat dan adat tradisinya. Kami berada di sana selama tiga hari dua malam.

Pada hari pertama, kami ke Pulau Perhentian. Saya dan keluarga telah menaiki kereta ke sana. Setelah sampai di Perhentian Island Resort yang telah ditempah oleh ayah, kami terus merehatkan diri kerana terlalu penat. Di sini, saya dapat mengetahui pelbagai informasi tentang Pulau Perhentian yang dapat menarik minat ramai pengunjung dari seluruh negara dan dunia untuk melakukan aktiviti menyelam.

Saya mengambil peluang untuk menyelam dan berenang. Selain itu, saya dan keluarga juga menaiki bot laju untuk menikmati pemandangan di sekitar pulau. Pemandangan ketika waktu senja sangat indah. Keesokan harinya, kami bersiap sedia untuk bertolak ke Kuala Terengganu. Ayah telah menempah hotel di bandar untuk kami pada malam itu.

Sesampainya di sana, Kami menjamu selera dengan hidangan seperti nasi dagang, keropok lekor dan satar. Ibu pula membeli kain songket di Pasar Payang. Selain itu, ayah turut membawa kami melawat tempat yang menarik sebelum pulang ke hotel. Kami telah pergi ke Taman Tamadun Islam, Muzium, dan Masjid Negeri Kuala Terengganu dan Istana Maziah. Kami juga turut membeli pelbagai jenis cenderamata di Pasar Payang untuk dijadikan sebagai kenang-kenangan ketika berada di sini.

Saya dan keluarga berasa sangat gembira dan berharap dapat pergi bercuti lagi ke Terengganu pada cuti sekolah akan datang.

<u>Latihan 1</u>

Jawab soalan-soalan berikut dengan menandakan BETUL atau SALAH. Jika kenyataan itu SALAH, betulkannya berdasarkan teks di atas.

(Terdapat 2 kenyataan yang betul dan 3 kenyataan yang salah)

	SALAH	BETUL
1. Penulis berada di Terengganu selama dua malam.	☐	☐
2. Mereka menaiki bas untuk ke sana.	☐	☐
3. Pulau Perhentian telah menarik minat pelancong untuk membeli-belah.	☐	☐
4. Ayah penulis telah menempah hotel di bandar.	☐	☐
5. Pelbagai jenis cenderamata dibeli di Pulau Perhentian.	☐	☐

<u>Latihan 2</u>

Jawab soalan-soalan berdasarkan petikan yang telah dibaca.

1. Siapakah yang bersama-sama penulis ke Terengganu?

2. Apakah nama resort yang ditempah oleh ayah semasa di Pulau Perhentian?

3. Selain menyelam dan berenang, apakah aktiviti lain yang dilakukan oleh penulis?

4. Di manakah ibu penulis membeli kain songket?

5. Senaraikan nama-nama tempat yang dilawati di Kuala Terengganu.

KOSA KATA

Cari 10 perkataan berkaitan dengan topik penginapan semasa bercuti dalam kotak di bawah. Kemudian, tandakan jawapan tersebut dalam kotak silang kata yang disediakan.

bayaran	bajet	hotel	promosi	resort
rehat	strategik	bermalam	hiburan	bercuti

S	T	R	A	T	E	G	I	K	B	J
M	E	L	E	M	A	T	W	A	U	U
U	K	S	G	B	A	J	E	T	T	G
B	J	W	E	A	N	M	R	M	E	A
E	H	T	Y	Y	G	S	T	D	K	M
R	Y	V	R	A	D	R	Y	H	U	L
M	R	B	E	R	C	U	T	I	O	P
A	E	B	H	A	T	Y	U	B	P	R
L	Y	E	A	N	Z	H	D	U	I	O
A	L	U	T	N	I	O	T	R	T	M
M	K	Y	E	M	O	T	Y	A	R	O
R	B	A	J	E	T	E	U	N	O	S
O	S	S	A	T	O	L	A	E	S	I
H	S	P	D	T	E	M	U	T	W	V
R	E	S	O	R	T	D	N	I	L	T

TATABAHASA

Bulatkan jawapan kata bantu yang sesuai untuk ayat di bawah.

1. Semua orang __________ hormat-menghormati antara satu sama lain.

a) mungkin **b)** ingin **c)** harus

2. Pemandu kenderaan __________ memberi laluan kepada pejalan kaki yang ingin melintas di garisan zebra.

a) mesti **b)** dapat **c)** hendak

3. Kami __________ menempah bilik hotel lebih awal supaya tidak kehabisan tempat semasa cuti sekolah.

a) hendak **b)** mesti **c)** mungkin

4. Kami __________ membeli cenderamata untuk dibawa pulang sebagai kenangan.

a) ingin **b)** masih **c)** dapat

5. Keluarga saya __________ melawat tempat-tempat menarik seperti muzium dan taman tema ketika bercuti di Langkawi.

a) hendak **b)** masih **c)** mesti

MENDENGAR 3

Rakaman audio yang akan dimainkan adalah mengenai rumah tradisional Melaka. Anda dikehendaki untuk menjawab lapan soalan yang diberikan. Baca soalan yang diberikan di bawah sebelum anda mula mendengar rakaman audio ini. Selepas mendengar, jawab soalan-soalan yang telah diberikan dengan menanda (✓) pada pernyataan yang betul dan (X) pada pernyataan yang salah.

	BETUL	SALAH
1. Rumah tradisional ini telah disewakan kepada para pelancong dari dalam dan luar negara.	☐	☐
2. Rumah ini mempunyai ruang tamu yang terbentang dan luas.	☐	☐
3. Tangga rumah diperbuat daripada kayu dan mempunyai motif flora.	☐	☐
4. Di halaman rumah, ada pokok buah-buahan tempatan.	☐	☐
5. Di dalam rumah ini terdapat dua dapur.	☐	☐
6. Bapa saudara menjadi tukang kebun di rumah tersebut.	☐	☐
7. Banyak poskad diterima daripada pelancong yang pernah menginap di rumah tersebut.	☐	☐
8. Para pelancong merasakan kehidupan di rumah tradisional itu lebih tenang dan aman.	☐	☐

Terus Bestari

Tulis sebuah karangan mengenai kebaikan-kebaikan bercuti di dalam negara. Karangan anda hendaklah antara 130 hingga 140 patah perkataan. Anda perlu masukkan perkara berikut:

a) Senaraikan nama tempat yang menarik di Malaysia.

b) Apakah aktiviti-aktiviti yang boleh dilakukan di sana?

c) Bagaimanakah percutian dalam negara dapat membantu ekonomi diri dan negara?

d) Nyatakan kebaikan-kebaikan daripada segi pengetahuan kepada masyarakat.

e) Mengapakah bercuti di dalam negara lebih selamat?

Petah Berbicara

Anda dan abang anda berbincang mengenai penginapan untuk percutian anda sekeluarga. Anda tidak bersetuju untuk tinggal di hotel kerana anda mahu menginap di resort. Beritahu abang anda sebab-sebab anda membuat pilihan tersebut.

Perbualan anda hendaklah mengandungi perkara seperti berikut:

a) Apakah nama resort yang telah anda pilih?

b) Di manakah letaknya resort tersebut?

c) Mengapakah anda memilih resort itu?

d) Berapakah harganya untuk satu malam?

e) Apakah kemudahan yang disediakan?

19 ALAM SEMULA JADI *NATURE*

MEMBACA

Baca e-mel di bawah dengan teliti.

To:	
Subject:	

Kepada abangku Mahdi,

Apa khabar abang di asrama? Saya sihat sejahtera. Pada minggu lepas, saya telah menyertai perkhemahan di Bukit Broga. Ibu mengatakan perkhemahan pengakap ini bagus kerana saya boleh belajar berdikari. Saya belajar banyak perkara seperti memasak, mencuci baju dan mendirikan khemah. Tujuan perkhemahan ini adalah untuk mendedahkan kepada para pelajar mengenai keindahan alam semula jadi dan belajar untuk hidup berdikari. Saya mendapat banyak pengalaman ketika di sana. Aktiviti yang saya tidak dapat lupakan ialah mendaki Bukit Broga pada jam 5 pagi. Dua orang komando telah menjadi ketua pendakian tersebut. Kami mendaki awal pagi kerana ingin melihat keindahan suasana matahari terbit. Suasana di sana agak sejuk, namun cukup menyegarkan. Apabila berada di puncak, kami dapat melihat kawasan hutan yang masih lagi belum diterokai. Saya telah mengambil gambar keindahan kawasan sekitar. Saya pasti akan mengikuti lagi perkhemahan yang dianjurkan oleh persatuan pada tahun hadapan. Selamat tinggal, abang!

Daripada,

Murad

Latihan 1

Bulatkan empat aktiviti yang dilakukan oleh Murad di Bukit Broga.

mencuci baju	mendaki bukit	berenang	memasak	menulis
membeli-belah	mendirikan khemah	bermain bola		

Latihan 2

Berdasarkan e-mel daripada Murad, isikan tempat kosong dengan jawapan yang betul.

1. Murad menghantar e-mel kepada abangnya untuk menceritakan pengalamannya ______.
2. Murad merupakan ahli persatuan ______ sekolahnya.
3. Persatuan tersebut telah mengadakan aktiviti perkhemahan di ______.
4. Ibu mengatakan bahawa aktiviti-aktiviti yang disediakan dapat membantu Murad belajar ______.
5. Murad telah belajar banyak perkara seperti memasak, ______ khemah dan mencuci pakaian.

KOSA KATA

Lengkapkan perkataan berikut yang berkaitan dengan alam semula jadi.

Pilihan jawapan:

Pokok	Pasir	Paya Bakau	Batu Kapur	Hutan Simpan
Sawah Padi	Pulau	Lautan	Binatang	Pantai

1. P __ Y __ B __ K __ __
2. S __ W __ H P __ D __
3. P __ N T __ __
4. B __ N __ T __ N G
5. P __ L __ __
6. B __ T __ K __ P __ R
7. P __ S __ R
8. H __ T __ N S __ M P __ N
9. L __ __ T __ N
10. P __ K __ K

TATABAHASA

Isi tempat kosong dengan kata penguat yang betul.

1. Selepas berpindah ke rumah baharu yang ______ (agak/benar) besar, ibu telah membeli banyak perabot baharu.
2. Meja makan yang dibeli oleh ibu ______ (sekali/sungguh) cantik.
3. Udara di kawasan pergunungan itu ______ (sangat/nian) segar.
4. Pemandangan di tepi pantai pada waktu senja ______ (amat/betul) indah.
5. Sungai yang mengalir di hutan itu ______ (benar/agak) jernih.

Terus Bestari

Padankan pernyataan di bahagian A dan bahagian B untuk membentuk ayat yang sempurna. Kemudian, tulis semula ayat tersebut agar menjadi sebuah petikan yang lengkap di dalam buku tulis anda.

A	B
1. Gunung Tahan merupakan gunung yang terletak	para pendaki yang menggunakan Kuala Tahan sebagai laluan.
2. Gunung ini adalah lebih rendah	di negeri Pahang iaitu di Taman Negara.
3. Ketinggian Gunung Tahan ialah	dan laluan yang mencabar untuk sampai ke puncak.
4. Gunung Tahan menjadi tumpuan	mendapatkan kebenaran daripada pegawai Taman Negara.
5. Para pendaki terpaksa mengharungi sungai	bulan Februari dan Mac kerana kurangnya hujan pada bulan tersebut.
6. Sebelum memulakan pendakian, para pendaki hendaklah	2,187 meter menjadikan gunung ini puncak yang tertinggi di Semenanjung Malaysia.
7. Masa terbaik untuk pendakian adalah pada	daripada Gunung Kinabalu.
8. Taman Negara akan ditutup	pada 15 November sehingga 15 Januari setiap tahun.

Petah Berbicara

Anda telah pergi berkhemah bersama-sama rakan di hutan semasa cuti persekolahan yang lalu. Murid itu menceritakan pengalamannya ketika berkhemah di hutan tersebut kepada gurunya setelah kembali ke sekolah. Jalankan main peranan antara murid tersebut dengan gurunya.

Senarai soalan:

a) Bagaimanakah anda pergi berkhemah di dalam hutan? Apakah nama kawasan perkhemahan ini?

b) Siapakah yang memberi kebenaran kepada anda untuk pergi berkhemah?

c) Apakah aktiviti yang dilakukan di dalam hutan itu?

d) Ceritakan pengalaman anda semasa berkhemah di situ. (Pengalaman manis? Pengalaman pahit?)

e) Apakah peralatan yang anda bawa semasa pergi berkhemah?

20 PERSEKITARAN GEOGRAFI
GEOGRAPHICAL SURROUNDINGS

MEMBACA

Baca poskad di bawah ini. Kemudian, jawab semua soalan yang diberikan.

Kepada Musa,

Apa khabar awak di sana? Saya sihat. Saya baru sahaja pulang dari bercuti di Tanah Tinggi Camerons. Saya bercuti di sana dengan abang dari 10 hingga 12 September 2018. Kami menginap di Hotel Seri Mulia. Ketika berada di sana, saya dapat melihat ladang teh yang cukup luas. Saya juga dapat menikmati teh panas di ladang teh. Selain itu, saya juga dapat makan buah strawberi yang saya petik sendiri di ladang. Kami perlu membeli tiket masuk untuk memetik buah strawberi. Buahnya agak segar dan enak. Kami juga ke Taman Lavender yang dipenuhi dengan pokok lavender. Terdapat banyak cenderamata yang dihasilkan melalui tumbuhan ini. Kami juga banyak mengambil gambar kenangan di kawasan ladang teh yang sungguh indah. Sebelum pulang, kami telah membeli buah strawberi, tomato dan sekotak teh untuk diberikan kepada ibu. Walaupun percutian ini singkat, kami berasa sangat gembira. Saya berharap awak dapat membalas poskad saya ini.

Yang benar,

Lokman

Latihan 1

Padankan nama tempat dengan gambar yang diberikan.

1. Taman Lavender
2. Ladang teh
3. Ladang strawberi
4. Taman rama-rama

Latihan 2

Jawab soalan-soalan berikut dengan menandakan BETUL atau SALAH. Jika pernyataan itu SALAH, betulkannya berdasarkan teks yang telah dibaca.

	Betul	Salah
Musa dan abangnya bermalam di Hotel Seri Murni.	☐	☒
Musa dan abangnya bermalam di Hotel Seri Mulia.		
1. Musa dapat makan strawberi yang dipetiknya.	☐	☐
....		
2. Mereka tidak sempat ke Taman Lavender.	☐	☐
....		
3. Lokman mengambil gambar kenangan.	☐	☐
....		
4. Tomato, strawberi dan coklat telah dibeli oleh Musa untuk ibunya.	☐	☐
....		
5. Lokman berharap agar Musa akan dapat ke Tanah Tinggi Camerons.	☐	☐
....		

KOSA KATA

Berikut ialah persekitaran geografi yang terkenal di dunia. Tentukan nama negara mengikut persekitaran geografi yang diberikan. Murid boleh menggunakan Internet untuk mendapatkan jawapan yang tepat. Tuliskan pilihan jawapan di dalam kotak yang disediakan.

1. Banjaran Alps ☐

2. Gua Kristal ☐

3. Tasik Nyasa ☐

4. Danau Toba ☐

5. Gurun Gobi ☐

6. Tebing Alpine ☐

7. Taman Negara Grand Canyon ☐

8. Aurora Borealis ☐

9. Air Terjun Victoria ☐

10. Gunung Berapi Mauna Loa ☐

Pilihan jawapan:

A	Hawaii	**F**	Mexico
B	Kanada	**G**	Kutub Utara
C	Indonesia	**H**	Mozambique, Tanzania, Malawi
D	Switzerland	**I**	Zimbabwe, Zambia
E	Monggolia	**J**	Arizona, Amerika Syarikat

TATABAHASA

Padankan kata pembenar yang sesuai untuk ayat-ayat di bawah.

1) ______, sayalah yang membantu guru mengangkat buku-buku itu.	2) ______, kata-katanya tidak pernah bohong.	3) ______, abang saya belajar di London.

Ya	Betul	Benar

4) ______, itulah ayah saya.	5) ______, emaklah yang membeli nasi ini.	6) ______, begitulah cara untuk memotong sayur.

Terus Bestari

Tuliskan nombor mengikut urutan ayat. Kemudian, tulis ayat tersebut sehingga menjadi sebuah petikan. Tulis jawapan di dalam buku tulis anda.

______ Mereka berada di sana selama seminggu.

______ Gambar-gambar yang diambil telah dimuat naik ke dalam media sosial untuk dikongsikan dengan keluarga dan rakan-rakan.

______ Dia juga mengambil gambar keluarganya yang sedang menikmati buah kiwi yang rasanya masam dan manis.

______ Selama tujuh hari di sana, Farhani dan keluarganya telah pergi ke beberapa buah tempat seperti Sky Tower, Hobbiton Village Movie Set Tour dan Agrodome Farm yang begitu menarik minatnya.

______ Pada cuti persekolahan yang lalu, Farhani telah memilih New Zealand sebagai tempat percutiannya dan keluarga.

______ Pada hari terakhir, Farhani berasa sangat sedih tetapi dia pasti akan datang lagi ke New Zealand pada suatu hari nanti.

______ Dia memilih negara ini kerana pemandangannya yang indah.

______ Farhani tidak lupa untuk mengambil gambar di ketiga-tiga buah tempat ini.

Petah Berbicara

Baru-baru ini, anda telah pergi melancong ke salah sebuah negeri di Malaysia yang kaya dengan persekitaran geografi yang mengagumkan. Bersama-sama dengan rakan anda, ceritakan pengalaman anda itu.

Senarai soalan:

a) Bilakah anda pergi melancong ke situ?

b) Dengan siapakah anda pergi melancong?

c) Ceritakan tentang persekitaran geografi di tempat tersebut. (gunung, pantai, sungai atau laut)

d) Apakah aktiviti yang dilakukan di situ?

e) Bincangkan kepentingan alam sekitar yang terdapat di kawasan percutian tersebut.

21 CUACA
WEATHER

MEMBACA

Latihan 1

Tulis perkataan yang sesuai bagi gambar-gambar yang diberikan.

panas | lemas | rosak | banjir | dahaga | kering

A

B

Baca petikan berikut.

Banjir di Kampung Saya

Pada cuti persekolahan akhir tahun yang lalu, saya dan keluarga pulang ke kampung di Kuala Lipis, Pahang untuk bertemu dengan datuk dan nenek. Sudah lama saya tidak bertemu dengan mereka berdua sejak kami sekeluarga berpindah ke Kuala Lumpur.

Sepanjang saya berada di kampung, hujan turun dengan lebat tanpa henti. Kami sekeluarga mula berasa bimbang. Air sungai kecil di belakang rumah datuk sudah mula melimpah. Datuk dan nenek menasihati kami agar segera membuat persediaan sekiranya diarahkan untuk berpindah. Tanpa melengah-lengahkan masa, kami sekeluarga mula mengemas barang-barang. Kami menyimpan barang-barang di tempat yang lebih tinggi. Kami hanya membawa barang-barang yang penting sahaja.

Akhirnya, banjir benar-benar berlaku. Kami terpaksa dipindahkan oleh pasukan penyelamat dengan menggunakan bot dan sampan. Kami dipindahkan pada sebelah malam. Saya berasa sangat takut melihat keadaan banjir yang besar itu. Kami sekeluarga hanya berdoa dan berdiam diri sepanjang perjalanan ke pusat pemindahan. Saya bersyukur kerana semua penduduk kampung berjaya dipindahkan ke pusat pemindahan. Kami ditempatkan di sebuah sekolah rendah yang terletak agak tinggi dan jauh daripada kawasan banjir. Saya berasa sedih kerana kampung saya ditenggelami air. Saya dan semua penduduk kampung berdoa agar hujan segera berhenti dan air banjir surut.

Semasa berada di pusat pemindahan, kami diberi pelbagai barang keperluan seperti makanan, air, ubat-ubatan dan pakaian. Segala keperluan semuanya serba lengkap. Para sukarelawan memasak makanan untuk mangsa banjir. Saya kagum melihat semangat para sukarelawan yang menghulurkan bantuan tanpa mengharapkan apa-apa balasan.

Walaupun segala keperluan lengkap dan makanan mencukupi, Saya berasa tidak selesa dan bosan berada di sana. Ini kerana saya terpaksa berkongsi bilik air dengan mangsa banjir yang lain. Saya juga tidak dapat bermain serta belajar dengan selesa. Keadaan di pusat pemindahan sangat bising dan panas. Walau bagaimanapun, saya tidak mengeluh. Saya bersabar dengan situasi tersebut.

Seminggu selepas itu, banjir kembali pulih. Apabila saya dan keluarga kembali ke kampung, kami berasa sedih kerana rumah datuk dan nenek dipenuhi dengan lumpur dan sampah-sarap. Harta benda, haiwan ternakan dan tanaman musnah. Banjir yang teruk ini menjadi kenangan pahit buat saya dan semua penduduk kampung. Saya berdoa agar kejadian seperti ini tidak akan berlaku lagi.

Latihan 2

Lengkapkan ayat-ayat berikut dengan maklumat yang terdapat di dalam teks.

1. Saya pulang ke ____________________.
2. Sudah lama saya tidak ____________________.
3. ____________________, hujan turun dengan lebat tanpa henti.
4. Datuk dan nenek menasihati kami ____________________.
5. Kami menyimpan ____________________.
6. Saya berasa ____________________ apabila melihat keadaan banjir yang besar itu.

KOSA KATA

Lengkapkan teka silang kata di bawah. Kemudian, tulis jawapan anda.

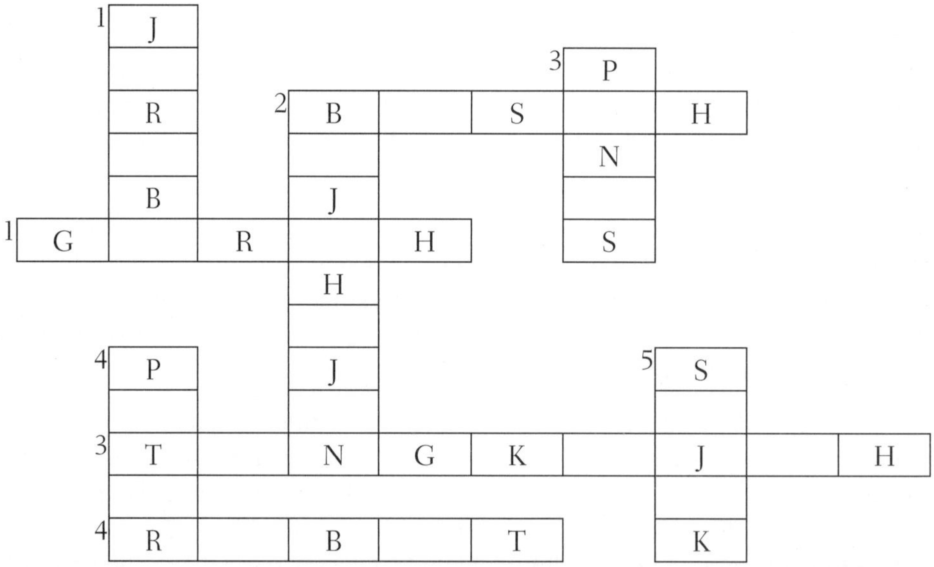

Pembayang

Menegak:

1. Keadaan kualiti udara yang tidak sihat. ____________
2. Baju yang direka khas untuk mengelakkan diri daripada terkena hujan. ____________
3. Bersuhu tinggi. ____________
4. Cahaya yang memancar di langit sebelum guruh berbunyi. ____________
5. Bersuhu rendah. ____________

Melintang:

1. Bunyi kuat di udara. ____________

2. Keadaan ada air atau terkena air. ______

3. Musim hujan lebat. ____________

4. Angin kencang. ____________

TATABAHASA

Isi tempat kosong dengan kata hubung yang diberikan.

walaupun	lalu	jika	apabila	dan	atau

1. Pihak polis ________ bomba bergegas ke tempat kejadian.
2. ________ cuaca panas, Daren tetap membuat latihan sukan.
3. ________ hari hujan, saya akan membawa payung ke sekolah.
4. ________ cuaca cerah, kami akan bermain bola di padang.
5. Hujan berhenti, ________ pelangi muncul di langit.

Terus Bestari

Musim hujan dan musim panas berlaku sepanjang tahun di negara Malaysia. Tulis perkara yang perlu kita lakukan sepanjang musim-musim ini.

Contoh:

MUSIM HUJAN	MUSIM PANAS
1. Sentiasa pakai pakaian yang kering	1. Sentiasa memakai penutup kepala

MUSIM HUJAN	MUSIM PANAS
1.	1.
2.	2.
3.	3.
4.	4.
5.	5.
6.	6.
7.	7.

Petah Berbicara

Seorang lelaki berbual-bual dengan rakannya yang baru pulang dari luar negara semasa cuti musim sejuk yang lalu. Mereka berbual tentang musim panas melampau yang pernah melanda negara beberapa bulan yang lalu. Jalankan main peranan antara lelaki tersebut dengan rakannya di sebuah kedai makan.

Senarai soalan:

a) Bilakah musim panas ini melanda negara?
b) Berapa lamakah cuaca panas ini berlaku?
c) Apakah kesan-kesan negatif akibat daripada cuaca panas melampau ini?
d) Bagaimanakah cara-cara untuk menjaga kesihatan diri sepanjang musim ini?
e) Apakah aktiviti yang terpaksa dibatalkan?
f) Siapakah yang paling teruk terjejas sepanjang musim panas ini?

22 CUACA DUNIA
THE WORLD'S WEATHER

MEMBACA

Baca petikan di bawah.

Negara Empat Musim

Korea ialah sebuah negara yang mengalami empat musim iaitu musim bunga, panas, luruh dan sejuk. Musim bunga berlaku dari bulan Mac sehingga Mei. Pada musim ini, pokok-pokok mengeluarkan bunga yang berwarna-warni. Musim ini berlaku kerana peralihan daripada musim sejuk ke musim panas. Salah satu bunga yang terkenal ialah Sakura Cherry Blossom.

Musim panas pula adalah pada bulan Jun sehingga September. Biasanya, pada musim ini hujan jarang turun. Terdapat banyak aktiviti yang boleh dilakukan seperti olahraga dan bersantai di pantai.

Seterusnya ialah musim luruh. Pada waktu ini, warna dedaun akan berubah menjadi kuning. Cuaca agak baik iaitu tidak panas dan tidak sejuk. Ketika ini juga, banyak festival diadakan seperti Festival Kembang Api dan Festival Kimci. Musim yang terakhir ialah musim sejuk. Musim ini berlaku pada bulan Disember sehingga Mac. Aktiviti yang boleh dilakukan ialah bermain ski atau bola salji. Suhu pada musim sejuk ini mencecah sehingga –8°C.

<u>Latihan 1</u>

Padankan nama musim dengan gambar yang diberikan.

1.

2.

3.

4.

Musim bunga | Musim panas | Musim luruh | Musim sejuk

<u>Latihan 2</u>

Pilih jawapan yang betul bagi soalan-soalan berikut.

1. Musim apakah yang berlaku sekiranya terjadi peralihan daripada musim sejuk ke musim panas?

a) Musim luruh **b)** Musim bunga **c)** Musim sejuk **d)** Musim panas

2. Bilakah musim bunga ini berlaku?

a) Mac hingga Mei

b) Jun hingga September

c) Disember hingga Mac

d) September hingga November

3. Apakah nama bunga yang terkenal di Korea pada musim bunga ini?

a) Bunga Raya
b) Sakura Cherry Blossom
c) Mawar
d) Bunga Matahari

4. Bilakah musim panas bermula?

a) Jun
b) Mei
c) Mac
d) Disember

5. Apakah aktiviti yang boleh dilakukan pada musim panas?

a) Bermain bola salji dan ski
b) Olahraga dan bersantai di pantai
c) Menyertai Festival Kimci
d) Melihat bunga berwarna-warni

6. Bagaimanakah keadaan cuaca pada musim luruh?

a) Terlalu panas
b) Tidak panas dan tidak sejuk
c) Mendung dan hujan
d) Sangat sejuk

7. Tuliskan dua jenis festival yang diadakan semasa musim luruh.

a) Festival Bunga dan Festival Cahaya
b) Festival Sakura dan Festival Buah
c) Festival Kembang Api dan Festival Kimci
d) Festival Salji dan Festival Bunga

8. Berapakah catatan suhu pada musim sejuk?

a) 0°C
b) 8°C
c) 10°C
d) –8°C

KOSA KATA

Padankan kosa kata yang berikut dengan maksud yang tepat.

Kosa Kata
1. Kayak
2. Iglu
3. Suhu
4. Oasis
5. Termometer

Maksud
A. Rumah orang eskimo
B. Sejenis pengangkutan untuk bergerak merentasi air
C. Ukuran panas atau sejuk sesuatu benda.
D. Tanah subur dan berair di kawasan padang pasir
E. Alat yang digunakan untuk mengukur suhu

TATABAHASA

Pilih jawapan kata penegas untuk melengkapkan ayat-ayat di bawah.

memang selalu sangat lagi
hanya -lah -kah

1. Rombongan ke Australia ____________ untuk pekerja perempuan.

2. Siapa ______ yang terambil buku saya?

3. Ibu ________ pandai menggubah bunga di dalam pasu.

4. Biar _____ dia yang membuat keputusan itu sendiri.

5. Cuaca hari ini _________ panas sehingga ramai orang berlindung di bawah pokok.

6. Negara kita _________ mengalami musim hujan pada hujung tahun.

Terus Bestari

Padankan pernyataan di bahagian A dan bahagian B untuk membentuk ayat yang sempurna. Tulis jawapan anda di ruang yang disediakan.

A	B
Gurun Sahara berada	antara 38°C hingga 44°C.
Maksud Sahara dalam bahasa Arab	di Afrika Utara.
Gurun Sahara mengalami iklim	250mm dan jarang berlaku hujan.
Pada waktu siang, suhunya ialah	seperti kaktus dan rumput kertas.
Waktu malam pula	unta, cicak dan ular.
Hujan hanya turun kurang daripada	panas dan kering sepanjang tahun.
Terdapat tumbuhan yang dapat hidup	suhu mencecah sehingga 10°C.
Haiwan yang terdapat di Sahara ialah	ialah pasir.

1. Gurun Sahara berada di Afrika Utara.

2. ....

3. ....

4. ....

5. ....

6. ....

7. ....

8. ....

Petah Berbicara

Bayangkan anda ialah kakitangan agensi pelancongan yang diberikan tugas untuk membuat promosi dalam bentuk temu bual di stesen televisyen tentang salah satu tempat yang diberikan di bawah.

Tugasan ini memerlukan tiga hingga empat orang pelajar. Anda boleh menggunakan bantuan seperti buku, majalah, akhbar atau laman sesawang untuk menarik minat pelancong ke sana. Maklumat temu bual anda ini hendaklah mengandungi perkara berikut:

Negara Empat Musim	Negara Iklim Sejuk	Negara Iklim Panas	Negara Iklim Gurun

a) Nama negara

b) Tempat yang menarik

c) Aktiviti yang boleh dilakukan

23 BERTEMU ORANG DARIPADA PELBAGAI LATAR BELAKANG

MEETING PEOPLE OF DIFFERENT BACKGROUNDS

MEMBACA

Baca petikan e-mel yang dihantar oleh Kimiyana kepada sahabat baharunya, Amin. Kemudian, jawab soalan-soalan yang diberikan.

To:	
Subject:	

Hello Amin,

Terima kasih kerana sudi berkenalan dengan saya. Nama saya Kimiyana Ikeda. Saya berasal dari Tokyo, Jepun. Saya berumur 15 tahun. Bahasa ibunda saya ialah bahasa Jepun. Tokyo pula merupakan ibu negara Jepun dan merupakan sebuah bandar raya yang paling moden di dunia. Saya sangat suka tinggal di Tokyo. Jepun merupakan sebuah negara yang mengalami empat musim. Musim yang saya paling suka ialah musim bunga. Ini kerana cuacanya tidak terlalu sejuk dan bebas untuk ke mana-mana dengan suhu yang nyaman dan agak dingin. Makanan yang popular di Jepun adalah seperti susyi, takoyaki dan banyak lagi. Saya paling suka makan takoyaki berintikan sotong atau isi ketam. Rasanya sangat manis dan mengenyangkan.

Pada minggu lepas, saya telah bercuti selama satu bulan di rumah sahabat baik bapa saya. Saya bercuti di Marang, Terengganu. Bapa saya menghantar saya ke sini untuk mempelajari budaya dan bahasa masyarakat Melayu di Terengganu. Nama sahabat baik bapa saya ialah Pak Cik Musa dan Mak Cik Ramlah. Bapa saya telah mengenali keluarga Pak Cik Musa selama 10 tahun. Ini kerana Pak Cik Musa pernah bekerja sebagai pemandu bapa saya semasa bapa saya bertugas di pelantar minyak di Kertih, Terengganu. Sepanjang berada di Marang, saya boleh bertutur dalam dialek Terengganu dengan cepat. Keluarga Pak Cik Musa yang mengajar saya dialek Terengganu setiap hari. Selain itu, jiran tetangga Pak Cik Musa juga sering datang ke rumahnya untuk berbual-bual dan melakukan pelbagai aktiviti bersama-sama. Oleh itu, saya lebih cepat menguasai dialek Terengganu dan boleh bertutur dengan lancar.

Di Marang, Terengganu, makanan yang saya paling suka ialah nasi dagang. Rasanya sangat manis dan enak. Saya suka makan nasi dagang dengan gulai ikan tongkol. Kadang-kadang, Mak Cik Ramlah cuba belajar memasak makanan Jepun bersama-sama dengan saya. Antara makanan Jepun yang telah dipelajari oleh Mak Cik Ramlah ialah susyi. Mak Cik Ramlah sangat teruja kerana dapat menyediakan susyi yang sedap.

Sepanjang berada di sini, keluarga Pak Cik Musa dan Mak Cik Ramlah melayan saya dengan baik. Mereka melayan saya seperti anak mereka sendiri. Mereka juga sering membawa saya melawat ke beberapa buah destinasi pelancongan di negeri Terengganu.

Saya sangat gembira berada di sini dan mahu datang lagi.
Kimiyana Ikeda

Latihan 1

Baca ayat yang diberikan dengan teliti. Tandakan betul (✓) atau salah (X) pada setiap ayat berikut. Jika ayat tersebut salah, tuliskan semula jawapan yang betul.

	Betul	Salah
1. Kimiyana Ikeda berasal dari Osaka, Jepun.	☐	☐
2. Tokyo ialah ibu negara Jepun.	☐	☐
3. Kimiyana bercuti di Terengganu pada tahun lepas.	☐	☐
4. Kimiyana bercuti di Terengganu untuk bersiar-siar sahaja.	☐	☐
5. Makanan yang paling disukai oleh Kimiyana ialah nasi dagang.	☐	☐

Latihan 2

Jawab semua soalan yang diberikan. Tulis jawapan dengan ayat yang lengkap.

1. Mengapakah musim bunga menjadi musim yang paling disukai oleh Kimiyana?

______________________________ [1]

2. Berapa lamakah Kimiyana bercuti di Marang, Terengganu?

______________________________ [1]

3. Dengan siapakah Kimiyana tinggal sepanjang berada di Marang, Terengganu?

______________________________ [1]

4. Mengapakah bapa Kimiyana menghantarnya ke Terengganu?

______________________________ [2]

5. Bagaimanakah bapa Kimiyana mengenali Pak Cik Musa?

______________________________ [1]

6. Terangkan bagaimanakah Kimiyana boleh bertutur dalam dialek Terengganu dengan cepat.

______________________________ [2]

7. Di Terengganu, apakah makanan yang paling disukai oleh Kimiyana. Mengapa?

______________________________ [1]

8. Tuliskan nama makanan Jepun yang telah dipelajari oleh Mak Cik Ramlah.

______________________________ [1]

9. Bagaimanakah layanan Pak Cik Musa dan Mak Cik Ramlah terhadap Kimiyana?

______________________________ [1]

KOSA KATA

Berdasarkan kosa kata yang berkaitan dengan unit ini, lengkapkan jadual berikut dengan menulis jawapan yang sesuai.

Contoh:

Kosa kata	Anda	Rakan baharu
Nama negara	Malaysia	Dubai
Kesukaan	Bersukan	Bermain alat muzik
Paling unik	Taman Negara	Burj Al - Khalifa

Kosa kata	Anda	Rakan baharu
1. Nama negara		
2. Kesukaan		
3. Paling unik		
4. Bahasa pertuturan		
5. Makanan		
6. Agama yang dianuti		
7. Aktiviti masa lapang		
8. Pakaian		
9. Pesta/Perayaan yang disambut		
10. Cuaca		

TATABAHASA

Padankan ayat-ayat di bawah dengan kata nafi yang sesuai.

1) Kalau ________ dia yang ambil pen saya, siapa lagi yang ambil?

2) Dia ________ mampu berkata apa-apa selepas mendengar tuduhan itu.

3) Zamani ________ bercakap bohong.

4) Itu ________ pandangan yang buruk, tetapi berbeza dengan budaya kita.

tidak **bukan**

5) Pelancong itu ________ dari negara kita.

6) Saya ________ pernah jumpa dengan orang yang peramah sebelum ini.

7) ________ mudah untuk memujuk adik yang sedang menangis.

8) Jamil ________ pernah ponteng sekolah.

Terus Bestari

Program pertukaran pelajar ialah program yang memerlukan penghantaran pelajar yang terpilih ke luar negara dan menerima pelajar dari luar negara ke negara kita. Senaraikan kebaikan yang diperoleh apabila kita mengadakan program ini.

1.
2.
3.
4.
5.

Petah Berbicara

Seorang murid telah berkenalan dengan rakan baharunya yang berasal dari India. Mereka berbual-bual di sebuah restoran mamak. Jalankan main peranan antara murid itu dengan rakan baharunya.

Senarai soalan:

a) Bilakah anda tiba di Malaysia?

b) Bagaimanakah penerbangan anda dari India ke Malaysia?

c) Mengapakah anda datang ke Malaysia?

d) Berapa lamakah anda akan berada di Malaysia?

e) Bandingkan keadaan cuaca di Malaysia dengan di India.

f) Anda boleh bertutur dalam bahasa apa?

g) Apakah makanan yang paling kamu suka di sini?

h) Apakah perbezaan antara makanan di Malaysia dengan di India?

24 KEHIDUPAN DAN PERCUTIAN DI LUAR NEGARA

LIVING AND GOING ON HOLIDAYS ABROAD

MEMBACA

Baca petikan tentang percutian di bandar Paris, Perancis. Kemudian, jawab soalan-soalan yang diberikan.

Semasa cuti persekolahan yang lalu, saya telah berpeluang melancong ke Paris, Perancis sambil melawat kakak saya yang sedang belajar di Universiti Paris.

Penerbangan dari Kuala Lumpur ke London mengambil masa selama 13 jam. Dari London, kami singgah di Paris. Masa itu musim sejuk tetapi tiada salji.

Dari London saya pergi ke Paris dengan menaiki kereta. Paris terkenal sebagai kota fesyen. Ramai pereka fesyen yang terkenal bertapak di sini. Kota ini sangat cantik dan bersih. Seni bina di sini walaupun lama tetapi klasik dan terjaga rapi.

Tempat makan di Paris tiada masalah kerana ada banyak restoran makanan halal yang dimiliki oleh orang Arab dan rakyat Malaysia juga.

Antara tempat menarik yang ada di Paris ialah Muzium Louvre. Muzium ini dibina sekitar tahun 1990 ketika pemerintahan Raja Phillip II dan Pyramid dibina pada tahun 1983 oleh Presiden Perancis, Francois Mitterand dengan menggunakan bahan kaca dan logam.

Pengalaman bercuti di Paris sangat menyeronokkan saya. Saya berasa mahu datang lagi ke Paris.

Jawab soalan-soalan berikut dengan betul.

1. Semasa cuti persekolahan ______________________________.

2. Berapa lamakah masa penerbangan dari Kuala Lumpur ke London?

a) 13 jam **b)** 3 jam **c)** 10 jam **d)** 15 jam

3. Bagaimanakah penulis pergi dari London ke Paris?

a) Dengan menaiki bas
b) Dengan menaiki kereta
c) Dengan menaiki kapal terbang
d) Dengan menaiki tren

4. Siapakah yang membina Pyramid di Muzium Louvre?

a) Presiden Francois Mitterand
b) Raja Phillip II
c) Rakyat Perancis
d) Pereka fesyen tempatan

KOSA KATA

Cari 10 cosa kata yang berkaitan dengan unit ini di dalam kotak di bawah. Kemudian, tulis jawapan anda.

P	B	U	D	A	Y	A	M	N	M
E	K	O	N	O	M	I	A	A	O
K	W	I	I	O	S	F	S	T	E
E	S	U	K	U	Y	E	O	U	A
R	Z	Y	M	L	R	R	I	K	C
J	A	T	S	T	B	I	M	G	A
A	D	R	A	M	A	G	A	N	U
A	F	D	B	N	G	N	H	A	C
N	A	A	S	A	H	A	B	G	T
G	I	L	R	T	Y	U	I	N	O
H	K	A	F	W	E	A	T	E	H
N	M	Z	V	C	E	U	I	P	O

Pembayang:

1. Keadaan iklim di sesuatu tempat. ________
2. Cara hidup yang diamalkan. ________
3. Sejenis pengangkutan darat yang mempunyai empat roda. ________
4. Sejenis pengangkutan air. ________
5. Graduan yang tamat pengajian akan mula mencarinya. ________
6. Sesuatu yang dianuti dan menjadi pegangan hidup oleh seseorang. ________
7. Kerap digunakan ketika ingin bergerak dari satu lokasi ke lokasi yang lain.
8. Sebagai alat untuk menyampaikan maklumat atau berkomunikasi. ________
9. Kegiatan untuk menjana pendapatan. ________
10. Tingkah laku sosial dan norma dalam masyarakat. ________

TATABAHASA

Padankan ayat-ayat di bawah *dengan* kata pemeri *ialah* dan *adalah* yang sesuai.

1) Puan Lola ________ guru sains saya.

2) Makanan ini ________ untuk kawan-kawan saya.

3) Bryan ________ orang pertama yang menyiapkan kerja sekolahnya

4) Beg ini ________ terlalu kecil untuk saya.

ialah

adalah

5) Bunga ros ini ________ antara kesayangan kakak.

6) Rakan baharunya ________ seorang pelajar dari Thailand.

7) Pengalaman belajar di Jepun ________ sesuatu yang tidak dapat dilupakan.

8) Cuaca di Eropah pada musim sejuk ________ sangat dingin dan berangin.

Terus Bestari

Anda akan bertukar sekolah ke Montreal, Kanada kerana mengikuti bapa anda yang bekerja di sana. Anda diminta untuk mengisi borang pendaftaran di sekolah itu. Isi borang yang diberikan dengan menulis maklumat yang lengkap tentang diri anda.

Nama penuh: ________ Warganegara: ________

Umur: ________ Bahasa: ________ Jantina: ________

Kaum: ________ Agama: ________

Nombor Kad Pengenalan: ________ Tarikh Lahir: ________

Alamat rumah: ________

Alamat e-mel: ________

Nombor telefon: ________

Nombor telefon ibu bapa/penjaga: ________

Bilangan adik-beradik: ________ Rumah Sukan: ________

Bahasa Pertuturan: ________

Petah Berbicara

Anda pulang ke Malaysia setelah dua minggu berada di luar negara kerana menghantar abang anda yang baru mula bekerja di situ. Anda menceritakan semula pengalaman sepanjang berada di situ.

Soalan berikut dapat membantu anda menceritakan pengalaman anda.

a) Mengapakah anda bercuti di situ?

b) Berapa lamakah anda bercuti di situ?

c) Kamu pergi dengan siapa?

d) Apakah pekerjaan penduduk di situ?

e) Sebutkan kemudahan-kemudahan yang ada di situ.

f) Sebutkan tempat-tempat menarik yang anda telah lawati.

g) Apakah makanan tradisional di situ?

h) Apakah nama pakaian penduduk di situ?

i) Apakah bahasa yang digunakan di situ?

25 ADAT DAN KEBUDAYAAN DI LUAR NEGARA

FOREIGN CUSTOMS AND CULTURAL PRACTICES

MEMBACA

Latihan 1

Bapa anda mahu membawa anda sekeluarga melancong ke India. Isikan jadual di bawah dengan perkataan yang tepat bagi negara tersebut. Tandakan betul (/) atau salah (x).

Perkataan	Betul (/)	Salah (X)
1. Taj Mahal		
2. Air Terjun Niagara		
3. Sari dan dothi		
4. Roti canai dan tandoori		
5. Piza dan burger		
6. Sungai Ganges		

Baca petikan rencana di bawah dengan teliti. Kemudian, jawab semua soalan yang diberikan.

Pesta Keamatan

Pesta Keamatan merupakan upacara perayaan khas untuk menghormati 'Bambazon' atau semangat padi. Perayaan ini adalah amalan tradisi kaum Kadazan Dusun sejak zaman-berzaman. Perayaan ini diadakan selepas menuai padi.

Antara sambutan menarik yang diadakan ialah persembahan dan pertandingan tarian Sumazau. Tarian ini ditarikan oleh kaum petani lelaki dan perempuan dengan memakai pakaian tradisional mereka.

Selain tarian Sumazau, pertandingan nyanyian yang dipanggil 'Sugandoi' turut diadakan. Begitu juga dengan pertandingan Ratu Cantik Tadau Keamatan. Pada hari perayaan ini juga, pameran segala jenis hasil kraf tangan dan kesenian turut dipamerkan dan dijadikan sebagai barang untuk dijual.

Antara hidangan popular semasa perayaan ini ialah meminum tapai. Tapai merupakan sejenis arak tradisional yang dibuat daripada beras (nasi) atau ubi kayu. Beras (nasi) atau ubi kayu ini diperap selama dua hingga tiga minggu untuk mendapatkan minuman tapai yang sedap.

Latihan 2

Jawab semua soalan yang berikut. Jawapan anda hendaklah ditulis dengan ayat yang lengkap.

1. Mengapakah Pesta Keamatan disambut?

____

2. Siapakah yang merayakan pesta ini?

____

3. Bilakah pesta ini diadakan?

____

4. Senaraikan acara menarik yang diadakan semasa perayaan ini.

____

5. Apakah nama tarian tradisional kaum Kadazan Dusun?

____

Latihan 3

Tandakan betul (/) atau salah (x) bagi kenyataan yang diberikan.

Kenyataan	Betul (/)	Salah (X)
1. Pesta Keamatan merupakan upacara untuk menghormati semangat air.		
2. Perayaan ini merupakan amalan sejak turun-temurun kaum Bajau Laut.		
3. Tarian Sumazau ditarikan oleh kaum petani lelaki dan perempuan.		
4. Selain tarian Sumazau, pertandingan nyanyian yang dipanggil Sugandoi turut diadakan.		
5. Tapai ini dibuat daripada buah anggur yang diperap selama dua hingga tiga hari.		
6. Tapai ini dibuat daripada beras (nasi) atau ubi kayu.		

KOSA KATA

Berikut ialah kosa kata yang berkaitan dengan adat dan kebudayaan di luar negara. Pilih sebuah negara. Kemudian, cari maklumat tentang negara tersebut berkaitan dengan kosa kata yang diberikan. Anda boleh menggunakan Internet untuk mendapatkan maklumat yang tepat.

a) Perayaan dan keramaian

b) Pakaian harian

c) Pakaian kebangsaan

d) Tarian

e) Istiadat perkahwinan

TATABAHASA

Pilih kata penekan yang sesuai untuk ayat-ayat di bawah.

sebenarnya · besarnya · sakitnya · sedapnya · nampaknya · bahawasanya · malunya

1. ____________ Encik Mat dengan sikap anaknya yang malas bekerja.

2. " ____________ kuih yang awak buat ini," kata Aziah.

3. Walaupun dia tinggal di luar negara, ____________ dia masih menjaga budaya dan Bahasa Melayu.

4. ____________, setiap masyarakat mempunyai adat dan cara hidup yang berbeza.

5. ____________ tinggal di luar negara membuka peluang untuk memahami perbezaan budaya dengan lebih mendalam.

MENDENGAR

Dengar dengan teliti rakaman audio antara Ravi dan Salma tentang rancangan mereka untuk mengadakan majlis perpisahan. Kemudian, suai padankan pernyataan di dalam jadual A dengan pernyataan di dalam jadual B.

A
1. Ravi dan Salma berbincang tentang …
2. Mereka mahu mengadakan majlis perpisahan untuk …
3. Salma mahu menempah makanan seperti …
4. Ravi tidak makan sate lembu kerana …
5. Mereka bercadang untuk menempah makanan dari …
6. Di Restoran Puspa juga ada makanan untuk …

B
a) orang yang tidak makan daging.
b) Restoran Puspa kerana semua makanannya halal.
c) tempahan makanan untuk majlis perpisahan.
d) sate lembu, ayam goreng, ikan bakar dan nasi.
e) Ravi beragama Hindu.
f) guru mereka yang bernama Puan Lim.

Terus Bestari

Penyataan di bawah adalah tentang adat istiadat perkahwinan masyarakat Melayu. Susun semula pernyataan yang diberikan mengikut urutan yang betul dengan menulis nombor 1 hingga 6 di dalam kotak.

a) ☐ Majlis menyambut menantu ialah pengantin perempuan dibawa ke rumah pengantin lelaki untuk berjumpa dengan ahli keluarga pengantin lelaki pula.

b) ☐ Majlis merisik ialah ibu bapa menghantar wakil ke rumah bakal pengantin perempuan untuk mengenali budi pekerti dan peribadinya.

c) ☐ Imam memegang tangan kanan pengantin lelaki semasa majlis akad nikah. Jika semuanya telah selesai, pengantin lelaki telah sah menjadi suami kepada pengantin perempuan.

d) ☐ Ibu bapa bakal pengantin lelaki menghantar wakil untuk bertemu dengan ibu dan bapa bakal pengantin perempuan untuk mendapatkan persetujuan berkahwin.

e) ☐ Pengantin lelaki didudukkan di atas pelamin untuk majlis berinai selepas akad nikah. Para tetamu menabur sedikit demi sedikit nasi kunyit di atas tapak tangan kedua-dua pengantin.

f) ☐ Keesokan harinya, kedua-dua pengantin didudukkan di atas pelamin. Semua yang datang ke majlis kenduri dijemput makan dan bergambar sebagai kenangan.

Petah Berbicara

Seorang pemandu pelancong telah diminta untuk membawa sekumpulan pelancong dari China melawat ke bandar raya Amsterdam, Belanda. Para pelancong dari China ini ingin mengetahui dengan lebih lanjut tentang Amsterdam. Jalankan main peranan antara pemandu pelancong tersebut dengan pelancong dari China.

Senarai Soalan:

a) Bagaimanakah keadaan cuaca di Amsterdam?

b) Apakah contoh makanan tradisional yang terkenal di Amsterdam?

c) Apakah pakaian tradisional yang dipakai oleh mereka?

d) Mengapakah mereka memakai pakaian tradisional tersebut?

e) Apakah bahasa yang menjadi pertuturan mereka?

f) Bolehkah anda terangkan budaya yang unik atau acara tahunan yang sering diadakan di sini?

26 PERANCANGAN KERJAYA MASA DEPAN
FUTURE CAREER PLANS

MEMBACA

Latihan 1

Anda mahu mencari pekerjaan yang sesuai dengan minat dan kemahiran yang anda miliki. Isikan tempat kosong di bawah berkenaan sumber-sumber untuk mendapatkan maklumat tentang jawatan kosong.

1. ______________________

2. ______________________

3. ______________________

4. ______________________

Latihan 2

Baca petikan iklan jawatan kosong yang diberikan.

Warganegara Malaysia yang berkelayakan dipelawa untuk memohon jawatan pembantu perubatan untuk mengisi kekosongan jawatan-jawatan di Hospital Universiti Malaysia (HUM).

BIDANG:	Pembedahan pergigian
UMUR:	18 tahun hingga 24 tahun
TEMPOH KONTRAK:	2 tahun
GAJI:	RM2300.00 sebulan

CARA UNTUK MEMOHON:

i. Borang permohonan boleh diisi melalui laman sesawang kerajaan atau mengambil borang di **Unit Pengurusan Sumber Manusia, Hospital Universiti Malaysia, Kuala Lumpur**.

ii. Pemohon dikehendaki untuk membawa KAD PENGENALAN dan SIJIL PEPERIKSAAN semasa mendapatkan borang di Hospital Universiti Kebangsaan Malaysia, Kuala Lumpur.

iii. Borang permohonan yang telah lengkap diisi hendaklah dihantar ke **Unit Pengurusan Sumber Manusia, Hospital Universiti Malaysia, Kuala Lumpur sebelum atau pada 25 September 2020**. Permohonan yang diterima selepas waktu yang ditetapkan tidak akan dilayan.

iv. Sebarang masalah atau pertanyaan, sila hubungi talian 03 - 92839 23839 (Puan Mastura).

v. Pemohon yang berjaya dipanggil untuk temu duga akan diberitahu melalui telefon atau surat tawaran dalam tempoh tiga bulan.

Pilih jawapan yang betul bagi soalan-soalan berikut berdasarkan iklan jawatan kosong yang telah anda baca.

1. Siapakah yang boleh memohon jawatan kosong ini?

a) Rakyat asing yang mempunyai visa
b) Pelajar universiti luar negara
c) Warganegara Malaysia yang berkelayakan
d) Pekerja sambilan berumur 25 tahun

2. Bagaimanakah cara untuk pemohon membuat permohonan?

a) Menghantar e-mel kepada hospital
b) Mengisi borang secara dalam talian atau mengambil di hospital
c) Menghantar surat kepada Puan Mastura
d) Membuat permohonan melalui media sosial

3. Apakah yang perlu dibawa oleh pemohon semasa mendapatkan borang?

a) Kad pengenalan dan sijil peperiksaan
b) Surat sokongan dan slip gaji
c) Gambar berukuran pasport
d) Lesen memandu dan surat beranak

4. Ke manakah borang permohonan perlu dihantar?

a) Universiti Malaysia Sabah
b) Unit Perubatan Gigi, Hospital Besar
c) Klinik Kesihatan Kuala Lumpur
d) Unit Pengurusan Sumber Manusia, Hospital Universiti Malaysia

5. Bagaimanakah pemohon mengetahui bahawa mereka berjaya dipanggil untuk temu duga?

a) Menerima e-mel rasmi
b) Diberitahu melalui telefon atau surat tawaran
c) Menerima mesej WhatsApp
d) Dijemput melalui media sosial

Terus Bestari

Anda mempunyai satu cita-cita sejak kecil untuk bekerja dalam suatu pekerjaan. Tulis satu artikel atau blog berkenaan cita-cita anda. Panjang artikel atau blog anda hendaklah antara 130 hingga 140 patah perkataan.

Maklumat berikut boleh digunakan dalam tulisan anda:

1. Blog

a) Apakah cita-cita anda?

b) Mengapakah anda memilih pekerjaan tersebut?

c) Apakah kemahiran yang diperlukan untuk anda bekerja?

d) Siapakah yang memberi dorongan untuk anda mencapai cita-cita anda?

ATAU

2. Artikel

a) Apakah pekerjaan yang anda pilih?

b) Apakah bidang tugas pekerjaan itu?

c) Mengapakah ramai orang berminat dengan pekerjaan itu?

d) Untuk mereka yang mempunyai cita-cita seperti anda, cadangkan persiapan yang perlu dibuat sejak dari bangku sekolah.

KOSA KATA

Susun huruf-huruf di bawah menjadi nama suatu pekerjaan. Penerangan berkenaan tugas setiap pekerjaan disediakan untuk membantu anda.

1. p h a e m r e t n e j: ______________________

Seseorang yang melakukan terjemahan.

2. k u t g n a n t i g n u g t m a r u b: ______________________

Seseorang yang bertugas di kedai gunting rambut.

3. m u g a r p i r a: ______________________

Wanita yang bekerja sebagai pelayan di dalam kapal terbang.

4. l i a h o m b a b: ______________________

Bertugas untuk memadamkan api.

5. a r a g u m a r p: ______________________

Lelaki yang bekerja sebagai pelayan di dalam kapal terbang.

TATABAHASA

Senaraikan kata adjektif dan kata kerja yang menggunakan kata pembenda.

Pilihan jawapan:

Sakitnya	Datangnya	Minumlah	Derasnya
Pantasnya	Kuatlah	Tulisnya	Bacalah

1. ______________________ **4.** ______________________

2. ______________________ **5.** ______________________

3. ______________________

Petah Berbicara

Anda baru sahaja bekerja di sebuah restoran makanan segera yang terkemuka di seluruh dunia. Ceritakan tentang pekerjaan anda itu kepada seorang rakan. Panjang penceritaan anda hendaklah sekitar dua minit.

Maklumat di bawah boleh digunakan dalam penceritaan anda.

a) Nama pekerjaan anda.

b) Gaji yang dibayar setiap bulan.

c) Waktu anda bekerja setiap hari.

d) Cara anda pergi ke tempat kerja dari rumah.

e) Cabaran yang anda hadapi semasa bekerja.

f) Perasaan anda semasa bekerja.

27 PENDIDIKAN DAN LATIHAN LEPASAN SEKOLAH

FURTHER EDUCATION AND TRAINING

MEMBACA

Baca dialog di bawah dengan teliti. Apakah yang sedang dibincangkan antara Mas Ayu dan Maria? Kemudian, jawab soalan-soalan yang berikut.

Mas Ayu: Hai, Maria. Apa khabar? Saya dapat tahu yang awak telah berjaya mendapat dua tawaran untuk menyambung pelajaran. Tahniah! Universiti mana yang awak akan pilih?

Maria: Terima kasih, Mas. Saya masih berfikir sama ada ingin melanjutkan pelajaran di dalam negara atau di luar negara. Apa pendapat awak?

Mas Ayu: Pada pendapat saya, kalau saya diberi pilihan sama ada belajar di dalam atau di luar negara, saya ingin ke luar negara. Pasti kita akan lebih seronok dan mendapat pengalaman ketika belajar di negara asing. Antara kelebihan belajar di luar negara adalah awak dapat mengenali ramai kawan dari seluruh dunia. Selain itu, awak akan berpeluang untuk mengembara dan mencari pengalaman yang baharu.

Maria: Betul kata awak. Tetapi, saya perlu memohon pinjaman atau biasiswa jika saya mahu ke luar negara. Ayah saya tidak mampu untuk membiayai pengajian saya di luar negara kerana kosnya sangat tinggi. Jika saya memilih untuk belajar di sini, saya boleh memilih tempat belajar berdekatan dengan keluarga saya. Jadi, saya boleh tinggal bersama-sama keluarga dan menjimatkan wang.

Mas Ayu: Saya setuju. Tetapi, awak boleh menjadi seorang yang lebih berdikari apabila berada di sana. Awak boleh melakukan kerja separuh masa untuk mendapatkan wang tambahan. Kawan kepada abang saya bekerja sambilan sebagai seorang tukang cuci selepas tamat waktu kelas. Selain menambahkan pendapatan, dia mendapat pengalaman yang begitu berharga. Dia cuma bekerja selama dua jam sehari. Waktu kerjanya tidak mengganggu waktu untuk dia mengulang kaji pelajaran dan menyiapkan tugasan yang diberikan oleh pensyarah. Cara untuk mencari pekerjaan sambilan di sana adalah dengan melihat iklan-iklan jawatan kosong yang dilekatkan di papan kenyataan universiti.

Maria: Apakah lagi kelebihan belajar di luar negara yang awak tahu?

Mas Ayu: Jika awak melanjutkan pelajaran ke negara asing, awak juga boleh memantapkan kemahiran berkomunikasi dalam bahasa asing. Contohnya jika awak ke negara England, tentunya penguasaan Bahasa Inggeris awak akan lebih bagus. Jika awak ke negara Perancis, awak boleh belajar Bahasa Perancis. Selain itu, awak boleh belajar berkenaan budaya masyarakat setempat.

Maria: Saya perlu memikirkan tentang ini sebaik mungkin. Saya harap saya dapat membuat keputusan pada minggu hadapan.

Mas Ayu: Baguslah. Semoga awak berjaya.

Latihan 1

Bulatkan perkataan-perkataan yang terdapat dalam dialog.

pinjaman	memohon	kolej	keputusan
gagal	diploma	biasiswa	universiti

Latihan 2

Jawab soalan-soalan di bawah berdasarkan dialog.

1. Apakah yang sedang difikirkan oleh Maria?

____

2. Apakah yang perlu dibuat oleh Maria jika dia ingin ke luar negara?

____

3. Nyatakan DUA kelebihan bekerja secara sambilan.

____

4. Bagaimanakah cara untuk mencari pekerjaan sambilan di luar negara?

____

5. Nyatakan DUA kelebihan belajar di luar negara.

____

KOSA KATA

Lihat senarai kosa kata dan keterangan di bawah. Padankan setiap kosa kata dengan keterangan yang betul.

Kosa kata	Keterangan
1. subjek wajib	• sistem penilaian yang dibuat oleh pensyarah kepada pelajar
2. subjek pilihan	• pelajar ditaja untuk melanjutkan pengajian
3. ujian	• subjek yang perlu diambil oleh semua pelajar
4. kelas	• seseorang yang ditugaskan untuk mengajar
5. pensyarah	• majlis yang dihadiri pelajar selepas tamat pengajian
6. kuliah	• subjek yang hanya diambil oleh sebahagian pelajar
7. asrama	• gelaran atau panggilan untuk golongan pelajar
8. graduasi	• tempat tinggal pelajar
9. biasiswa	• lokasi kuliah diadakan
10. mahasiswa / mahasiswi	• sesi pengajaran di dalam kelas

TATABAHASA

Isi tempat kosong dengan pilihan kata adverba yang diberikan.

kuat	hampir	sering kali	semalam	betul-betul sedih

1. Murid itu ____________ memenangi pingat emas dalam acara lontar peluru.
2. Abang ____________ kerana kematian kucing kesayangannya.
3. Kakak menghadiri kursus kerjaya ____________ sebelum mencari pekerjaan.
4. Guru kaunselor ____________ menasihati pelajar supaya membuat pilihan kerjaya dengan bijak.
5. Pelajar itu berusaha ____________ untuk mencapai keputusan cemerlang dalam peperiksaan akhir.

MENDENGAR 5

Anda akan mendengar rakaman audio berkenaan tips untuk menghasilkan vitae kurikulum (CV) oleh seorang kaunselor bernama Puan Suhaili. Sebelum mendengar, baca keterangan yang disediakan di bawah. Rakaman ini akan diberhentikan sebanyak dua kali. Semasa mendengar rakaman, kenal pasti maklumat yang diberikan oleh Puan Suhaili. Selepas selesai mendengar, tandakan ✓ pada keterangan yang betul. Untuk setiap bahagian, terdapat sekurang-kurangnya dua keterangan yang betul.

1.

Puan Suhaili merupakan seorang kaunselor.	
Puan Suhaili berucap di perhimpunan bersama pelajar-pelajar yang akan menamatkan zaman persekolahan.	
Puan Suhaili menerangkan tentang perkara-perkara yang diperlukan dalam surat permohonan biasiswa.	
Puan Suhaili bekerja di Kuala Lumpur.	
Pelajar perlu mengambil nota semasa mendengar penerangan Cikgu Suhaili.	

Rakaman dihentikan sementara.

2.

Nombor telefon tidak perlu diletakkan dalam CV.	
Pelajar boleh meletakkan maklumat bermula daripada pendidikan sekolah rendah.	
Nama dan alamat perlu diletakkan dalam CV.	
Pengalaman bekerja tidak perlu ditulis di dalam CV.	
Maklumat pendidikan tidak diperlukan dalam CV.	

Rakaman dihentikan sementara.

3.

Pelajar perlu meletakkan sekurang-kurangnya tiga orang yang boleh dihubungi.	
Orang yang boleh dihubungi perlu mengesahkan segala keterangan yang terdapat dalam CV.	
Guru boleh mengesahkan keterangan dalam CV.	
Untuk pengesahan keterangan dalam CV, pekerjaan kenalan anda bukanlah sesuatu yang penting.	
Contoh kemahiran yang boleh diletakkan adalah mempunyai lesen memandu.	

Terus Bestari

Anda baru sahaja mendapat tawaran untuk melanjutkan pengajian ke sebuah universiti terkemuka di luar negara. Anda berasa sungguh teruja dan ingin memberitahu seorang rakan karib anda berkenaan tawaran tersebut. Tulis e-mel kepada rakan karib anda untuk memberitahu kepadanya berkenaan hal ini. Panjang tulisan anda hendaklah antara 130 hingga 140 patah perkataan.

Maklumat berikut boleh dimasukkan ke dalam e-mel anda:

a) Nama universiti dan negara.

b) Bidang pengajian.

c) Siapakah yang akan membiayai pengajian anda?

d) Perasaan anda untuk ke luar negara.

e) Aktiviti-aktiviti yang anda akan lakukan semasa di luar negara.

Petah Berbicara

Seorang pelajar menghadiri temu duga untuk mendapatkan biasiswa bagi menyambung pengajian di universiti tempatan. Jalankan situasi main peranan antara panel penemu duga dan pelajar atau calon tersebut.

Situasi main peranan ini boleh mengandungi maklumat atau soalan-soalan berikut:

a) Pengenalan diri calon.

b) Mengapakah anda memerlukan biasiswa untuk menyambung pengajian?

c) Mengapakah anda merasakan anda layak untuk menerima biasiswa?

d) Apakah bidang pengajian yang anda minati?

e) Nyatakan kelebihan universiti tempatan berbanding universiti luar negara.

28 KOMUNIKASI
COMMUNICATION

MEMBACA

Baca e-mel di bawah dengan teliti dan jawab soalan-soalan yang berikut.

To:

Hai Kyle,

Apa khabar? Saya dalam keadaan yang sihat. Ibu awak ada memberitahu saya bahawa awak ingin membuka kedai kek. Saya begitu teruja mendengar yang awak ingin memulakan perniagaan sendiri. Ibu awak juga telah bertanya kepada saya berkenaan sesiapa yang mahu menjual kedai. Kebetulan, seorang rakan saya bernama Sandy ingin menjual kedai keknya yang terletak di Jalan Kuching. Sandy juga meminta bantuan saya untuk mengiklankan hal ini kepada rakan-rakan saya.

Sandy ingin menjual kedai keknya kerana dia akan ke Kanada untuk mengikut suaminya yang akan mula bekerja di sana pada bulan hadapan. Dia ingin menjual kedai itu dengan harga sekitar RM600,000. Harga ini masih boleh dirunding. Pada pendapat saya, harga ini sangat berpatutan dan sesuai harga semasa.

Kedai kek itu terletak di tingkat bawah dan bersebelahan dengan sebuah kedai buku. Kawasan itu menjadi tumpuan kerana terdapat sebuah bank, pejabat pos dan butik yang terkenal. Terdapat kemudahan pengangkutan awam di kawasan itu seperti bas dan kereta api bawah tanah. Hal ini memudahkan orang ramai untuk datang ke kedai kek itu. Keluasan kedai ialah 500 kaki persegi. Terdapat sebuah stor yang boleh mengisi banyak stok yang bakal awak beli nanti. Selain itu, terdapat satu ruang tertutup di bahagian belakang kedai. Awak boleh jadikan ruang ini sebagai pejabat walaupun saiz ruang ini agak kecil.

Dia juga akan memberikan awak bahan-bahan membuat kek yang belum digunakan secara percuma. Selain itu, kedai ini juga telah dihias dengan cantik dan awak tidak perlu untuk membuat apa-apa pengubahsuaian lagi. Sandy juga baru sahaja menukar jubin lantai kedai kek itu beberapa bulan lepas.

Pada pandangan saya, tawaran Sandy ini agak berbaloi kerana harga yang dijual sangat berpatutan selain lokasi kedainya yang begitu strategik. Selain itu, kawasan dalam kedai juga agak luas. Saya merasakan ini merupakan peluang yang baik untuk awak. Saya cadangkan untuk awak berbincang mengenai hal ini dengan keluarga awak.

Sekiranya awak berminat dan ingin berbincang dengan pemilik kedai, awak boleh hubungi Sandy di talian 010-968312987 atau hantar e-mel ke alamat sandybakery2009@.ggmail.mly.

Terima kasih.
Andy

Latihan 1

Isi jawapan dalam ruang yang disediakan.

1. **Nama pemilik kedai:** ____________________
2. **Nombor telefon:** ____________________
3. **E-mel:** ____________________
4. **Harga:** ____________________
5. **Keluasan:** ____________________

Latihan 2

Jawab soalan-soalan berikut dengan menandakan BETUL atau SALAH. Jika kenyataan itu SALAH, betulkan kenyataan itu berdasarkan teks di atas.

	Betul	Salah
Ayah Kyle memberitahu Andy bahawa Kyle ingin membuka kedai kek.	☐	✗
Ibu Kyle memberitahu Andy bahawa Kyle ingin membuka kedai kek.		
1. Kedai kek tersebut terletak di Jalan Kuching.	☐	☐
2. Sandy akan mengikut suaminya ke Amerika.	☐	☐
3. Kedai kek itu terletak di tingkat paling atas.	☐	☐
4. Terdapat sebuah kedai buku di sebelah kedai kek.	☐	☐
5. Sandy ingin menjual bahan-bahan membuat kek dengan harga murah.	☐	☐

Latihan 3

Jawab soalan-soalan yang berikut.

1. Mengapakah kedai kek tersebut ingin dijual?
2. Adakah pembeli perlu menghias kedai ini? Berikan sebab.
3. Mengapakah Andy merasakan kedai kek ini berbaloi untuk dibeli?
4. Bagaimanakah cara untuk berbincang dengan pemilik kedai kek ini?

KOSA KATA

Lihat senarai kosa kata di bawah. Senarai ini dapat dibahagikan kepada dua kategori iaitu peralatan atau objek dan bukan peralatan atau objek. Asingkan kosa kata ini ke dalam setiap kategori dan tulis perkataan tersebut dalam ruang yang disediakan.

tetikus | telefon bimbit | komputer peribadi | skrin
penulis blog | kata laluan | gambar
komputer riba | maklumat | perisian

Peralatan atau objek	Bukan peralatan atau objek
1.	1.
2.	2.
3.	3.
4.	4.
5.	
6.	

TATABAHASA

Isi tempat kosong dengan sambungan kata majmuk yang sesuai.

hari	mata	khabar	terbang	tulis	pelajaran	raya

1. Kemalangan jalan ________ yang berlaku di Jalan Hang Tuah melibatkan sebuah kereta dan sebuah lori.
2. Pasangan itu sedang menunggu saat mata ________ terbenam di tepi pantai.
3. Ibu membelikan Sulaiman alat ________ yang baru.
4. Bapa akan membaca surat ________ pada setiap pagi.
5. Kaunselor itu menasihati ibu bapa supaya sentiasa berkomunikasi secara terbuka dengan cahaya ________ mereka.
6. Wartawan itu menulis artikel tentang inovasi kapal ________.
7. Pelajar itu cemerlang dalam semua mata ________ kerana rajin bertanya dan berkomunikasi dengan guru.

Terus Bestari

Berdekatan dengan rumah anda telah berlangsung suatu pameran dan jualan berkenaan Internet dan keselamatan dalam talian yang dianjurkan oleh pihak kerajaan. Tulis satu laporan akhbar mengenai pameran tersebut. Panjang laporan anda hendaklah antara 80 hingga 90 patah perkataan.

Maklumat berikut boleh dimasukkan dalam berita tersebut:

a) Tarikh dan lokasi pameran.

b) Cara hebahan mengenai program ini telah dibuat.

c) Contoh barang elektronik yang dijual atau dipamerkan.

d) Orang kenamaan yang hadir semasa majlis perasmian.

e) Aktiviti sampingan yang diadakan.

Petah Berbicara

Anda telah menghubungi pengurus sebuah kedai perabot untuk membuat aduan tentang kerosakan kerusi yang anda telah beli di kedainya. Namun, panggilan telefon anda tidak berjawab dan anda ingin meninggalkan pesanan elektronik. Ceritakan masalah yang anda hadapi dalam jangka masa sekitar dua minit.

Maklumat di bawah boleh digunakan dalam penyampaian pesanan anda:

a) Pengenalan diri anda.

b) Tujuan anda menelefon.

c) Tarikh kerusi dibeli.

d) Jenis kerusi.

e) Kerosakan yang berlaku.

f) Keinginan untuk menukar kerusi yang telah rosak.

29 BAHASA DI TEMPAT KERJA
LANGUAGE AT WORK

MEMBACA

Baca perbualan telefon di bawah dan jawab soalan-soalan yang berikut.

Penyambut Tetamu: Selamat sejahtera. Saya Suhana dari Kembara Resort, Pahang. Boleh saya bantu?

Heidi: Selamat sejahtera. Nama saya ialah Heidi. Saya ingin membuat tempahan bilik di Kembara Resort. Selain itu, saya juga ingin membuat tempahan untuk aktiviti luar.

Penyambut Tetamu: Baiklah, boleh saya dapatkan nama penuh dan nombor telefon, encik?

Heidi: Nama saya Heidi Wong dan nombor telefon saya 016-712739790.

Penyambut Tetamu: Bilakah encik akan datang ke sini dan berapakah orang yang akan bersama-sama encik?

Heidi: Saya akan mendaftar masuk pada 6 Oktober dan berada di sana selama 3 hari 2 malam. Saya akan membawa ibu, ayah dan abang saya. Untuk tempahan bilik, saya juga ingin meminta tilam tambahan serta kupon sarapan pagi untuk tiga orang. Saya juga ingin membuat tempahan untuk aktiviti berkayak, menyelam dan merentasi hutan.

Penyambut Tetamu: Baiklah, saya akan sertakan bersama bayaran aktiviti dan bilik. Jumlah keseluruhan bayaran ialah RM500 sahaja. Adakah tuan memerlukan peralatan tambahan untuk aktiviti merentasi hutan seperti khemah dan kasut?

Heidi: Tidak perlu. Kami sekeluarga selalu merentasi hutan dan kami sudah mempunyai peralatan sendiri.

Penyambut Tetamu:	Baiklah, saya sudah siap membuat tempahan bilik dan aktiviti luar untuk encik sekeluarga. Encik boleh membayar secara tunai apabila tiba di sini nanti.
Heidi:	Bolehkah saya membayar menggunakan kad kredit? Hal ini kerana saya jarang membawa wang tunai yang banyak ketika melancong.
Penyambut Tetamu:	Boleh, tidak menjadi masalah.
Heidi:	Terima kasih.
Penyambut Tetamu:	Sama-sama.

Latihan 1

Isi jawapan dalam ruang yang disediakan.

Nama Tetamu	
Nombor Telefon	
Tarikh Daftar Masuk	
Bayaran	
Aktiviti	**1)** **2)** **3)**

Latihan 2

Pilih jawapan yang betul bagi soalan-soalan berikut.

1. Apakah yang ingin dibuat oleh Heidi semasa menghubungi pihak Kembara Resort?
   a) Memohon kerja di Kembara Resort
   b) Menyemak harga bilik dan makanan
   c) Menyewa khemah dan kasut
   d) Membuat tempahan bilik dan aktiviti luar

2. Untuk tempahan bilik, apakah permintaan Heidi?
   a) Tilam tambahan dan kupon sarapan pagi
   b) Peralatan menyelam dan bilik besar
   c) Dua bilik dan makan malam percuma
   d) Katil bayi dan tilam tambahan

3. Mengapakah Heidi sekeluarga tidak meminta peralatan tambahan untuk aktiviti merentasi hutan?
   a) Tidak berminat merentasi hutan
   b) Sudah mempunyai peralatan sendiri
   c) Ingin menyewa daripada kedai luar
   d) Tidak tahu peralatan yang diperlukan

4. Mengapakah Heidi ingin membuat bayaran menggunakan kad kredit?
   a) Tidak membawa dompet
   b) Disuruh oleh keluarganya
   c) Jarang membawa wang tunai yang banyak semasa melancong
   d) Tidak pasti jumlah yang perlu dibayar

Latihan 3

Padankan situasi di bahagian A dan tempat situasi tersebut berlaku di bahagian B.

A
1. Tuan, saya ingin membuat laporan tentang kes kecurian di kedai saya.
2. Encik Rui, sila maklumkan kepada pekerja tentang mesyuarat penting pada petang ini.
3. Bolehkah saya dapatkan pesanan makanan Cik?
4. Encik, kami telah kehabisan setem berharga RM1.00. Adakah Encik mahu setem berharga RM2.00?
5. Maaf, buku di rak ini tidak dapat dipinjam. Puan boleh meminjam buku di rak sebelah sana.
6. Doktor, ubat yang Doktor mahukan itu telah pun tiba. Saya akan masukkan ubat itu ke dalam bilik ubat.

B
• Kedai makan
• Balai polis
• Perpustakaan
• Hospital
• Pejabat pos
• Bank
• Sekolah
• Pejabat

KOSA KATA

Susun huruf-huruf di bawah untuk menghasilkan satu perkataan. Maksud untuk setiap perkataan telah diberikan bagi membantu anda untuk mencari jawapan.

1. l i a f
Maksud: Sesuatu yang digunakan untuk menyimpan kertas.

2. g n e p h a r a
Maksud: Ketua di sebuah syarikat.

3. t i c u r e b
Maksud: Perkataan yang berlawanan dengan bekerja.

4. g n e m r u g a n g
Maksud: Tidak mempunyai pekerjaan.

5. n e m u k o d
Maksud: Sesuatu yang mengandungi maklumat.

Terus Bestari

Isi tempat kosong dengan pekerjaan yang sesuai berdasarkan dialog yang diberikan.

	Situasi	Pekerjaan
a)	A: Selamat datang. Boleh saya bantu? B: Terima kasih. Saya Lim dari bahagian pemasaran Syarikat Nuri. Bolehkah saya berjumpa dengan Encik Rashid? A: Encik Rashid sedang bermesyuarat. B: Baiklah, saya akan tunggu.	
b)	A: Subir, sila hantar surat ini kepada Puan Juney di Syarikat Guaman Ampang. B: Baiklah, Puan Rohani. Saya akan ke sana nanti.	
c)	A: Selamat sejahtera. Boleh saya bantu tuan? B: Saya ingin mengeluarkan wang tunai. Ini borang saya. A: Baiklah. Saya perlukan pengenalan diri tuan.	
d)	A: Petang ini awak perlu menghadiri latihan kawad di padang sekolah. B: Tetapi, saya perlu menghadiri latihan di gelanggang bola tampar A: Jangan risau. Saya akan beritahu jurulatih awak.	
e)	A: Ali, saya tidak mahu tengok barang-barang pertukangan ini diletakkan di kawasan ini. Sila simpan di dalam stor. B: Baiklah, Encik Jonny. Saya akan masukkan ke dalam stor.	
f)	A: Sejak bila awak mula berasa sakit kepala? B: Saya mula berasa sakit sejak dua bulan lepas. Sakit ini selalunya hilang sebelum saya tidur. Tetapi, sakit ini akan datang semula selepas saya bangun dari tidur. A: Baiklah, saya akan berikan surat untuk awak berjumpa dengan doktor pakar.	

Petah Berbicara

Seorang wartawan majalah ditugaskan untuk menemu ramah seorang ahli sukan ternama negara dalam sukan badminton. Ahli sukan ini telah berjaya memenangi pertandingan peringkat antarabangsa baru-baru ini. Jalankan situasi main peranan antara wartawan dan ahli sukan tersebut.

Situasi main peranan tersebut boleh mengandungi soalan-soalan berikut:

a) Sejak bilakah anda mula bermain badminton?

b) Mengapakah anda memilih untuk bermain badminton?

c) Siapakah pendorong utama untuk anda berjaya?

d) Pada setiap hari, berapa lamakah masa untuk anda berlatih?

e) Siapakah idola anda dalam sukan badminton?

30 ISU-ISU DUNIA
WORLD ISSUES

MEMBACA

Baca petikan di bawah dan jawab soalan-soalan yang berikut.

Pencemaran alam sekitar merupakan isu dunia yang semakin membimbangkan. Pencemaran berlaku apabila unsur-unsur alam seperti udara, air, tanah, dan bunyi tercemar akibat aktiviti manusia yang tidak terkawal. Antara jenis pencemaran yang sering berlaku ialah pencemaran udara, pencemaran air, pencemaran bunyi dan pencemaran tanah. Pencemaran ini memberikan banyak kesan buruk terhadap keseimbangan alam dan kehidupan.

Contoh pencemaran alam sekitar ialah pencemaran udara yang berlaku akibat pembakaran terbuka, pelepasan asap dari kilang dan kenderaan. Keadaan ini sering berlaku di kawasan bandar yang padat dan kawasan perindustrian.

Terdapat banyak kesan yang boleh dikenal pasti daripada pencemaran alam sekitar. Kesan yang pertama ialah pencemaran udara. Pencemaran ini menyebabkan kualiti udara merosot dan jarak penglihatan berkurangan. Kesan ini turut meningkatkan risiko jerebu. Pihak berkuasa menghadapi cabaran besar untuk mengawal aktiviti yang menyebabkan pencemaran ini.

Kesan yang kedua ialah pencemaran air. Pencemaran air berlaku apabila sisa buangan domestik dan industri dibuang ke dalam sungai atau laut. Kesan ini menjejaskan ekosistem marin, memusnahkan tumbuhan dan haiwan akuatik serta menjejaskan bekalan air bersih kepada masyarakat. Proses pembersihan semula air memerlukan kos dan masa yang tinggi.

Kesan yang ketiga ialah pencemaran bunyi. Pencemaran ini berpunca daripada kesesakan lalu lintas, pembinaan bangunan dan kawasan kilang. Kesan ini boleh mengganggu tumpuan, menyebabkan tekanan, dan mengurangkan kualiti hidup penduduk bandar.

Kesan yang keempat ialah pencemaran tanah. Pembuangan sisa toksik dan sampah sarap menyebabkan tanah tercemar dan tidak subur. Kesan ini menjejaskan pertanian dan pembangunan kawasan setempat serta merosakkan keindahan persekitaran.

Kesimpulannya, pencemaran alam sekitar memberi pelbagai kesan negatif kepada kehidupan dan alam semula jadi. Semua pihak perlu bekerjasama untuk menjaga kebersihan dan kelestarian alam sekitar. Antara langkah yang boleh diambil termasuklah mengamalkan kitar semula, mengurangkan penggunaan plastik, menyertai program pemuliharaan alam dan mendidik masyarakat tentang pentingnya menjaga alam sekitar.

<u>**Latihan 1**</u>

Senaraikan kesan yang berlaku akibat pencemaran alam sekitar.

Kesan Pertama:	
Kesan Kedua:	
Kesan Ketiga:	
Kesan Keempat:	

Latihan 2

Pilih jawapan yang betul bagi soalan-soalan berikut.

1. Apakah jenis pencemaran yang disebut dalam petikan?

a) Pencemaran udara dan bunyi sahaja
b) Pencemaran plastik dan logam
c) Pencemaran udara, air, bunyi dan tanah
d) Pencemaran akibat pembangunan kawasan bandar

2. Apakah punca utama pencemaran udara menurut petikan?

a) Pembinaan bangunan dan bunyi bising
b) Pembakaran terbuka dan pelepasan asap dari kilang dan kenderaan
c) Pembuangan sampah dan sisa toksik
d) Pelepasan bahan kimia ke dalam sungai

3. Mengapakah haiwan akuatik akan terancam apabila berlakunya pencemaran air?

a) Air sungai menjadi beku dan tidak mengalir
b) Sisa toksik menyebabkan tumbuhan air tumbuh dengan cepat
c) Sisa buangan industri memusnahkan ekosistem marin dan habitat haiwan air
d) Haiwan tidak dapat menyesuaikan diri dengan air laut

4. Apakah kesan utama pencemaran bunyi terhadap penduduk bandar?

a) Mengurangkan kadar hujan tahunan
b) Menyebabkan udara menjadi panas
c) Menjejaskan sistem pengairan dan pertanian
d) Mengganggu tumpuan, menyebabkan tekanan dan mengurangkan kualiti hidup

5. Mengapakah pencemaran tanah memberi kesan kepada pertanian dan keindahan kawasan setempat?

a) Tanah menjadi terlalu basah untuk bercucuk tanam
b) Menyebabkan hasil tanaman menjadi pahit
c) Tanah tercemar dan tidak subur akibat pembuangan sisa toksik serta sampah
d) Tumbuhan menjadi terlalu cepat matang

6. Apakah langkah yang boleh diambil untuk memelihara alam sekitar?

a) Mengurangkan penggunaan plastik dan mengamalkan kitar semula
b) Mengurangkan aktiviti pertanian
c) Membiarkan sisa buangan di sungai
d) Menggalakkan penggunaan bahan kimia berlebihan

KOSA KATA

Cari kosa kata yang berkaitan dengan isu-isu dunia di dalam kotak di bawah. Maksud perkataan-perkataan tersebut disediakan sebagai panduan.

G	E	M	P	A	B	U	M	I	O	P	K	G	H	N	R	J	K	L	L
G	H	J	T	W	Q	X	Z	V	B	M	F	A	P	M	I	L	P	O	H
O	I	H	U	J	A	N	B	A	T	U	L	K	M	L	B	K	L	T	Y
H	G	F	U	I	O	P	M	B	G	F	D	N	K	K	U	L	P	N	B
Q	Y	F	S	Y	G	J	K	L	Y	U	T	R	I	P	T	M	L	X	Z
H	R	H	T	T	K	R	J	K	A	Y	H	Q	W	G	H	J	K	L	R
G	A	T	V	S	W	E	M	P	S	T	D	K	E	M	A	T	I	A	N
B	S	Y	B	U	T	T	N	Q	S	R	S	H	H	Q	P	Q	F	H	H
G	U	U	N	N	M	G	Z	W	H	Q	D	J	J	A	U	B	D	J	Y
S	A	U	M	A	J	H	X	R	M	W	A	T	W	S	Y	V	S	K	U
D	H	K	H	M	Q	Q	C	G	N	K	U	Y	Q	F	T	C	A	A	I
A	R	L	J	I	W	M	A	S	Y	A	R	A	K	A	T	G	Y	Q	O
F	T	D	K	Y	R	F	T	Y	B	L	I	U	T	G	G	F	Y	W	P
S	E	D	A	H	T	F	H	U	R	M	J	H	Y	H	H	H	U	E	K
F	U	D	S	N	U	T	S	I	W	H	J	B	H	N	J	J	I	C	H
P	E	N	Y	E	L	U	D	U	P	A	N	G	D	B	K	N	N	V	D
Z	O	Q	S	M	I	U	D	K	Y	J	K	B	F	X	D	K	A	X	R
R	A	M	A	L	A	N	C	U	A	C	A	B	S	Z	F	M	F	Z	A
X	Y	W	R	R	T	J	T	Y	Y	J	K	W	F	C	T	K	T	G	Q
V	T	W	P	E	T	J	Y	T	A	M	A	N	N	E	G	A	R	A	N

Maksud perkataan:

1. Hujan yang mengandungi batu.
2. Ramalan untuk keadaan cuaca pada setiap hari.
3. Ombak besar yang boleh menyebabkan kerosakan harta benda.
4. Bencana alam yang disebabkan pergerakan permukaan bumi.
5. Kawasan hutan yang dipelihara.
6. Hujan dan angin yang kuat.
7. Perkataan sama erti dengan meninggal dunia.
8. Komuniti manusia di sesuatu tempat.
9. Bayaran atau pemberian secara haram untuk tujuan tertentu.
10. Membawa barangan secara tidak sah menyeberangi sempadan negara.

Terus Bestari

Anda baru sahaja pulang daripada misi kemanusiaan ke wilayah yang dilanda gempa bumi di sebuah negara asing. Sebuah syarikat akhbar meminta anda untuk menulis berita mengenai misi kemanusiaan itu. Tulis berita tersebut dengan jumlah perkataan antara 80 hingga 90 patah perkataan.

Maklumat di bawah boleh dimasukkan ke dalam berita anda. Anda juga boleh memasukkan maklumat lain yang sesuai.

a) Nama tempat dan negara yang dilanda gempa bumi.

b) Keadaan dan suasana di sana.

c) Kesan bencana alam kepada penduduk setempat.

d) Tindakan pihak berkuasa untuk membantu mangsa bencana alam.

Petah Berbicara

Bersama seorang rakan, bincangkan mengenai masalah pencemaran udara kepada manusia. Anda boleh memperkatakan tentang isu ini selama dua minit. Kemudian, rakan anda akan bertanyakan beberapa soalan kepada anda.

Maklumat berikut boleh digunakan:

a) Maksud atau contoh pencemaran udara.

b) Punca berlakunya pencemaran udara.

c) Kesan-kesan pencemaran udara kepada manusia.

d) Langkah-langkah untuk mengatasi masalah pencemaran udara.